AF188229

Izabela Luiza Jahn

Von Gestörten muss man sich fernhalten

Impressum

Bibliografische Information der Deutschen Nationalbibliothek:
Die Deutsche Nationalbibliothek verzeichnet diese Publikation in der
Deutschen Nationalbibliografie; detaillierte bibliografische Daten sind
im Internet über http://dnb.dnb.de abrufbar.

© 2019 Izabela Luiza Jahn
Umschlagfoto: Izabela Luiza Jahn

Herstellung und Verlag: BoD – Books on Demand, Norderstedt
ISBN: 978-3-7494-6695-5

Für Clemens, meinen Mann

Dank an Franziska Halmer, die mich mit ihrem Beispiel zu diesem Buch inspiriert hat
an meine beste Freundin, Corinna Becker, die von Anfang an daran geglaubt hat

INHALTSVERZEICHNIS

S. 9 PROLOG: PSYCHO-LOGISCH

I. UNGLÜCKLICHE BEZIEHUNGEN

S.12 1.ZEIG MIR DEINE BEZIEHUNG, UND ICH SAGE DIR, WER DU BIST
S.14 2.DIE RICHTIGEN FRAGEN FRAGEN
S.15 3.„WARUM ICH?"
S.17 4.DAS SCHEMA: „PASS DICH AN ODER LASS ES"
S.19 5.WANN ES BESSER IST ZU GEHEN
S.21 6.PRAKTISCHERWEISE IST DAS VORGEHEN – OB SIE SICH TRENNEN WOLLEN ODER NICHT – IN BEIDEN FÄLLEN GLEICH
S.25 7. ERLERNTE HILFLOSIGKEIT VERLERNEN
S.27 8. ICH HABE SCHON „ALLES" VERSUCHT, UND „NICHTS" HAT GEHOLFEN
S.29 9. DAS DENKEN: FREUND ODER FEIND?
S.32 10. DO IT YOURSELF
S.34 11.WORAN MAN ERKENNT, DASS ES SARKASMUS IST UND VON ANDEREN SCHWEINEREIEN
S.35 12. PASSIV AGGRESSIVES VERHALTEN, WO WENIG TUN UND VIEL UNTERLASSEN SEHR VIEL BEWIRKT

II. PERSÖNLICHE ENTWICKLUNG

S.39 13. „WARUM ICH?" II
S.39 14. „GESCHENKE" FÜRS LEBEN?
S.41 15. IMMER DIESER KINDHEITSQUATSCH

S.43 16. UND WIE IST IHR MS DOS DENN SO?

S.45 17. VERLORENE KINDHEIT

S.48 18. DIE NATUR VERTRÄGT KEIN VAKUUM

S.51 19. EMOTION UND ERKENNTNIS

S.53 20. ARBEIT MIT EMOTIONEN

S.56 21. EMOTIONEN IM GRIFF? ODER IM GRIFF DER
EMOTIONEN?

S.61 22. SCHEISSE IM KOPF?

S.66 23. RUMINATION UND SELBSTERKENNTNIS

S.70 24. BÖSES ERWACHEN?

S.72 25. ERLEUCHTUNG ODER VOM WAHREN GLÜCK

S.76 26. ACHTSAM DENKEN

S.78 27. NACHTRAG: DAS VERGEBEN VERGESSEN

S.81 28. DAS MENSCHSEIN LIEGT IM INNEHALTEN – ABER DAS
IST UNBEQUEM

S.86 29.#100HAPPYDAYS #100 ZUM ZWEITEN: ÜBER DIE
MACHBARKEIT VON GLÜCK

S.88 30. NEUES JAHR, ALTE ABHÄNGIGKEITEN

III. GLÜCKLICHE BEZIEHUNGEN

S.94 31. VON GLÜCKLICHEN BEZIEHUNGEN

S.97 32. VERANTWORTUNG UND GLÜCK SIND SYNONYME

S.101 33. POSITIVITÄT - WAS WEISE MÄNNER ZUM THEMA
GLÜCKLICHE BEZIEHUNG SAGEN (WIE ES SICH BEIM
SCHREIBEN RAUSGESTELLT HAT)

S.104 34. TALK NICE TO ME

S.112 EPILOG

S.116 LITERATUR- UND QUELLENVERZEICHNIS

PROLOG: PSYCHO-LOGISCH

Zum besseren Verständnis dieses Buches: es hat alles seinerzeit mit einem kleinen Blogtext begonnen, und mit der Zeit wurden es immer mehr. Das erklärt vielleicht die Struktur der einzelnen Kapitel und dass alles frei Schnauze ist, und sich unter Umständen auch auf Jahreswechsel bezieht.

Ziel des nicht mehr existierenden Blogs war es, die Erkenntnisse neuer, aber auch bewährter psychologischer Bücher und Ratgeber kurz und knapp in ihrem praktischen Nutzen darzustellen, und zu zeigen, wie sich durch bestimmte bewusste Entscheidungen und gezielte Veränderungen ein diametral anderes Leben führen lässt. Psychologie fasziniert mich seit geraumer Zeit, denn ohne eine bestimmte Ebene der Selbsterkenntnis, die sie bieten kann, ist tatsächlich alles nichts. Wir leben mechanisch, und wissen nicht wie uns geschieht. Ab und an machen wir uns ein paar rationalisierende Gedanken die unser Handeln im Nachhinein rechtfertigen und die uns bestätigen sollen. Es ändert nur nichts. Bloß keine Beunruhigung. Aber vielleicht wäre genau die mal nötig, um wirklich das eigene freie selbstbestimmte Leben zu führen?

Mit der Frage hat der Blog damals so angefangen:

"Es hat keinen Sinn, in einer Ecke zu sitzen und über sich selbst zu meditieren. [...] Ich existiere nur in Beziehung zu Menschen, Dingen und Ideen, und indem ich meine Beziehung zu den äußeren Dingen und Menschen wie auch zu den inneren Dingen untersuche, fange ich an, mich zu verstehen. Jede andere Form des Verstehens ist nur eine Abstraktion[...] Ich bin kein abstraktes Wesen." Jiddu Krishnamurti[1]

Ist Ihnen mal aufgefallen, dass gerade die Menschen, die Psychologie und Psychologen am meisten ablehnen, wohl am dringendsten von einer Konsultation profitieren würden? Das Niedermachen, Witzeln und Verballhornen dient dazu, die Psychologie zu diskreditieren, Probleme runterzuspielen und letztlich um sich selbst davon abzulenken und von sich selbst abzulenken. Ich denke, jeder Mensch weiß ganz tief in seinem Innern, dass etwas mit ihm nicht stimmt. Nur sehen will er es nicht. Er will um keinen Preis hinsehen, um Schmerzen zu vermeiden. Er will sich selbst in seiner ganzen Kleinheit und Begrenztheit nicht sehen. Er will immer noch glauben, dass er ganz toll (oder ganz besonders schlecht) ist und dass die anderen schuld/schlecht/was auch immer sind, aber nicht besser. Damit er das nicht aufgeben muss, hat er die Gabe der Verdrängung bekommen. Und wenn die nicht reicht – dann gibt es noch Ablenkung, wie wir gesehen haben. Zur Not ein paar harte Drogen. Alkohol. Whatever. Ach ja - und Hybris. Gerade letztere hat noch die Befähigung, besonders andere unglücklich zu machen. Und andere werden auch dadurch unglücklich, dass sie glauben, dass „wenn doch nur..." Zuletzt stirbt die Hoffnung, doch vor ihr sollen schon Menschen gestorben sein...

Woran merke ich, dass ich Kandidat bin? Ganz einfach: sind Sie glücklich? Oder sind Sie unglücklich, obwohl Sie bemüht sind, ein gutes Leben zu führen? Leben Sie Ihr Leben? Oder hecheln Sie irgendeinem Idealbild hinterher? Wie sind Ihre Beziehungen? Zu Ihren Eltern, Freunden, am Arbeitsplatz? Wie steht es um Ihre innigste Beziehung? Gibt es überhaupt noch Innigkeit in Ihrer Ehe oder Partnerschaft? Oder ist es die Hölle auf Erden? Singen auch Sie das „Wenn-doch-nur" – Lied? Wie ist Ihre Beziehung zu Ihnen selbst? Sind Sie sich ihr bester Freund? Falls nicht, wäre es nicht nett, das mal zu ändern? Wenn Sie sich ändern, dann ändert sich die ganze Welt... verstehe bloß einer, warum die Menschheit es immer andersrum versucht ;)

I. UNGLÜCKLICHE BEZIEHUNGEN

KAPITEL 1

ZEIG MIR DEINE BEZIEHUNG, UND ICH SAGE DIR, WER DU BIST

In der Innigsten zeigt es sich am besten und deutlichsten, von daher spreche ich hier von der Paarbeziehung (könnte auch die zu den Eltern oder anderen für einen sehr wichtigen Personen sein, und meist sind diese Beziehungen auch betroffen, wenn auch nicht so extrem, wenn in der engsten Beziehung Probleme bestehen). Also, wie ist sie denn, Ihre Beziehung? Ist sie glücklich? (Wenn ja, dann lesen Sie den Quatsch hier nicht und machen etwas Schönes für sich oder mit ihrem Partner.) Wenn „glückliche Beziehung" für Sie eine surreale Vorstellung darstellt, und es für Sie tagtäglich zwischen Streit, Demütigung, Beleidigungen, aktiver und passiver Aggression, Respektlosigkeiten, Drohungen und Gleichgültigkeit nur noch ums nackte Überleben geht, dann lesen Sie weiter.

Vor allem, wenn Ihr Partner durch äußerst wenig vernehmbares Tun Sie zur Verzweiflung oder zur Weißglut treiben kann. Wenn Sie dadurch bar jeder emotionalen Kontrolle, und wider besseren Wissens, zu einem heulenden, keifenden, hysterischen und letztlich doch nur um Zuneigung winselnden Ungeheuer werden. Wenn Sie sich nicht mehr als Sie selber fühlen, weil Sie so sehr versucht sind, sich anzupassen, und es Ihrem Partner recht zu machen. Um wenigstens einen Krümel seiner Aufmerksamkeit oder Zustimmung zu erhalten. Wenn Sie in Ihrer Beziehung das Gefühl von Einsamkeit, Unruhe, Schuld, oder Verlustangst, der Frustration und der Hilflosigkeit haben, dann habe ich zwei Nachrichten für Sie.

Zuerst die Gute: Der Umstand, dass ein anderer Mensch Sie zutiefst berühren kann, zeugt davon, dass Sie fähig zur Liebe und Bindung sind. Was gut für Sie ist. (Jetzt gerade fühlt es sich wahrscheinlich allerdings nicht so an, weil Sie es an der falschen Stelle versuchen).

Die Schlechte: Ihr Problem ist, Sie sind immer noch da. Bitte lassen Sie das auf sich wirken: Ihr Problem besteht darin, dass Sie zu diesen Bedingungen oder überhaupt noch in dieser Beziehung verbleiben. Das ist Ihr Anteil am Problem. Mit der Genese des Problems, und mit der Frage, wie Sie sich IHR Leben zurückholen können (oder sich mal überhaupt kennenlernen?) will ich mich im weiteren Verlauf befassen. Für heute möchte ich gerne mit einem Zitat abschließen, das meines Erachtens hervorragend das Wesen der Liebe als Geschenk zum Ausdruck bringt:

"[Die Liebe] ist wie eine duftende Blume. Sie können ihren Duft wahrnehmen oder an ihr vorübergehen. Diese Blume ist für jeden da und besonders für den einen, der sich die Zeit nimmt, ihren Duft innig einzuatmen und sie mit Entzücken anzuschauen."[2]

Dreimal können Sie raten, von wem das ist ;) Der wesentliche Gedanke ist aber: Liebe müssen Sie sich nicht verdienen. Alles was Sie brauchen, ist jemand, der fähig ist, auf die Liebe, die Sie zu geben haben, zu antworten.

KAPITEL 2

DIE RICHTIGEN FRAGEN FRAGEN

Wenn Ihnen ihre Freunde zu verstehen geben, dass Sie nur noch von ihrem Partner sprechen, dann wird es wohl Zeit, dass Sie sich ihr Leben zurückholen. Und zwar mit der gleichen Energie, mit der Sie bisher um ihren Partner gekreist sind. All das „warum" und „wieso" und „wie kann er mir das nur antun" hat doch nicht wirklich was gebracht – oder? Nutzen Sie doch die Energie, die Sie bisher für solche Fragen aufgewendet haben, dafür sich zu fragen was SIE brauchen, dass es ihnen gut geht. Sich zu fragen, was Sie glücklich macht.

Ich weiß, dass das nicht leicht ist, und dass Sie gerne das warum und wieso einerseits verstehen wollen, andererseits es aber genauso wenig wahrscheinlich akzeptieren, wenn diese Frage Sie immer wieder einholt. Es ist verständlich, Sie lieben jemanden, und derjenige verhält sich immer wieder unmöglich. Für Sie ist es immer wieder ein Schlag ins Gesicht, ein Schock. Obwohl Sie z.b. aus Erfahrung wissen, dass Ihr Partner Ihnen gegenüber z.b. immer wieder respektlos wird, oder sonst wie verletzend, es trifft Sie jedes Mal aufs Neue mit maximaler Härte. Verständlich, aber beachten Sie, dass Sie davon immer wieder eingeholt werden, weil Sie diesen Wesenszug ihres Partners nicht wahrhaben wollen. Würden Sie diesen Wesenszug wahrhaben und nicht mehr verleugnen, so wäre es ihnen eher möglich, sich davon zu distanzieren. Und verstehen Sie mich nicht falsch, ich spreche hier nicht davon, „ihn besser zu ertragen", sondern sich davon nicht mehr erschlagen zu lassen, und so ihrem Partner anders begegnen zu können.

Ferner kann auch der Wunsch zu verstehen und zu ergründen, warum Ihr Partner sich so verhält, wie er sich verhält, für SIE lähmend sein - und hierbei ist es ziemlich gleichgültig, ob Sie zu viel „Verständnis" , oder durch zu langes Nachdenken noch mehr Verwirrung empfinden.

Wenn Sie sich mit den Problemen Ihres Partners mehr befassen als er selbst, so ist irgendwas falsch. Es ist ein erwachsener Mensch, der für seine Probleme (unabhängig was war, und ggf. mit Hilfe - aber nicht IHRER – Sie sind kein Therapeut, oder?) einstehen sollte. Also fragen Sie sich: wie sehr absorbiert mich das Verhalten meines Partners?

KAPITEL 3

„WARUM ICH?"

Mir ist klar, dass ein „das ist ein Problem Ihres Partners, und Sie sind nicht sein/ihr Therapeut" nicht als Erklärung ausreicht, vor allem, da Sie zum einen bestimmt viel Zeit mit Fragen nach dem „warum" verbracht haben, sich für die Probleme in der Beziehung schuldig fühlten, oder Ihnen die Schuld für das Fehlverhalten des Partners von ihm/ihr übergeholfen wurde... Oder, und ich denke das ist der Grund, warum uns das „warum" so lange nicht loslässt, weil Sie hoffen, dass wenn Sie das alles irgendwie verstehen, Sie etwas daran verändern können, und endlich die Beziehung haben werden, die Sie sich erhoffen und wünschen.

Setzen wir also dabei an: Sie müssen verstehen, dass Sie nichts verändern können. Nicht so, wie Sie es jetzt versuchen. Sie haben einen bindungsgestörten, entweder ängstlich-vermeidenden oder gleichgültig-vermeidenden Partner, einen narzisstischen oder sonstwie toxischen Menschen, mit dem sie versuchen eine Beziehung zu führen. Versuchen trifft es ganz gut, denn die o.g. Menschen sind zu einer Beziehung nicht fähig und nicht willens, auch wenn sie es gerne schon mal anders deklarieren. Manchmal. Gelegentlich. Wenn es ihnen in den Kram passt, oder die Stimmung gut ist. Denn leider sind diese

Menschen in ihrer Bindungsfähigkeit zutiefst gestört, und hier heißt wollen nicht zwingend können. Was ich damit sagen will - wenn Sie verstehen wollen, warum Ihr Partner sich verhält, wie er sich verhält: er ist bindungsgestört und das war er schon vor Ihnen. Da hatte er/sie genau dieselben Probleme. Es hat nichts mit Ihnen zu tun. Das gilt es zu verstehen.

Es fühlt sich nur nicht so an... Das liegt daran, dass Sie den Versuch, mit einem bindungsgestörten Menschen eine Beziehung zu führen, mit Kontrollverlust bezahlen. Fakt ist, dadurch hat der Bindungsvermeider Macht über die Beziehung, die damit nicht auf Augenhöhe ist. Er ist Alleinherrscher über Nähe und Distanz, er bestimmt in der Beziehung und gibt sich kompromisslos. Das ist ein sehr perfider Mechanismus solcher Beziehungen, auf den ich noch näher eingehen werde.

Dieser Mechanismus kann aber nur wirken, weil:

- Ihr Partner Ihnen etwas verweigert, was Sie wirklich wollen. Da Sie tatsächlich eine Beziehung mit ihrem Partner wollen, sind Sie im Nachteil.

- Sie den Wunsch, diese Beziehung aufrecht zu erhalten oder endlich ans Laufen zu kriegen, über Ihr eigenes Wohlergehen stellen.

Darum Sie.

KAPITEL 4

DAS SCHEMA: „PASS DICH AN ODER LASS ES"

Sie hätten auch nie gedacht, dass Sie sich so etwas gefallen lassen, oder? Schon mal daran gedacht, die erpresserische Drohung „dann such dir doch eine/n andere/n, wenn dir was nicht passt, dann ist eben Schluss" mal ernst zu nehmen? Zu sagen „Danke, du hast Recht, ich habe hier genug Zeit verschwendet. Ich verdiene einen Menschen, der mit mir wirklich in Beziehung sein will. Der sich für mich interessiert, und für den dies keinen Angang darstellt. Der zu echter Nähe fähig ist, und dem es nicht bereits zum Problem gereicht, sich im selben Raum aufzuhalten." Nein? Schade...

Fakt ist, dass das der Bindungsgestörte es Ihnen ohne mit der Wimper zu zucken sagt, ist, weil er es sagen kann. Es ist ihm wirklich egal (und deswegen können Sie es nicht aussitzen oder den Spieß umdrehen – der Bindungsgestörte gewinnt immer, wenn man hier überhaupt von Gewinnen sprechen kann). Er schiebt die Verantwortung Ihnen zu, Sie können sich anpassen, oder es sein lassen. Denn was er um keinen Preis der Welt will, ist auf sich selbst sehen. In diesem Preis sind Sie inbegriffen. Und das ist schwer anzunehmen. Treffend schreibt Stefanie Stahl, dass „[...] ein Mensch ohne Bindungsängste sich normalerweise gar nicht vorstellen kann, wie wenig es bedarf, um einem Bindungsphobiker zu nah zu kommen. Oft reicht es schon, einfach nur anwesend zu sein. Oder einfach nur anzurufen. Das Problem ist, man kann dem Bindungsphobiker nicht nicht zu nah kommen. Egal wie zurückhaltend man sich verhält, irgendwie kommt man ihm immer zu nah, wenn man eine Beziehung mit ihm eingehen möchte."[3]

Nur, am Anfang sah es total anders aus? Nicht wahr? Da fühlte sich Ihr Partner noch nicht „erdrückt" von Ihren „Erwartungen", „in ihrem/seinen Freiraum eingeschränkt" von einer „Klette" (die Sie nun

17

geworden sind), „genervt" von Ihrem „Gezicke" und Ihrem „Sehen von Problemen, wo keine sind".

Wenn es Sie tröstet: dass Sie jetzt schrecklich sein sollen, das hat nichts mit Ihnen zu tun. Sie sind in Phase zwei des typischen Beziehungsverlaufs mit einem gestörten Menschen. Jetzt wo er Sie hat, kann und will er Sie nicht mehr ertragen, denn Sie könnten eine normale glückliche Beziehung führen wollen. Genau das kann Ihr Partner aber nicht. Haben Sie sich schon mal gefragt, warum er so verletzend oder ausfallend wird, urplötzlich ohne erkennbaren Grund, vor allem, wenn es gerade scheinbar gut läuft? Das hat viele perverse Gründe, der Hauptgrund ist der: Ihr Partner glaubt nicht daran, dass diese Beziehung gut geht. „Bewusst oder unbewusst [rechnet er] mit dem Scheitern. Damit sie dieser Katastrophe [für ihr geringes Selbstwertgefühl] nicht so hilflos ausgeliefert sind, sorgen [die bindungsunfähigen Partner] aktiv dafür (Stichwort Kontrolle), dass sie sie selbst herbeiführen. Es ist das bekannte Phänomen der „sich selbst erfüllenden Prophezeiung", das hier zu beobachten ist. Mit bissigen Bemerkungen, giftigen Kommentaren und offenem Streit regulieren sie die Nähe, die sich für sie zu bedrohlich anfühlt. Indem sie dies tun, bringen sie den Partner auf Distanz, der je nachdem traurig, enttäuscht und/oder wütend reagiert. Mit dieser Taktik strapazieren sie die Beziehung immer wieder uns stellen sie auf die Probe. Je nach Leidensfähigkeit des Partners kann dies zu fortwährenden Machtkämpfen und sinnlosen Streitereien führen oder eben zum Ende der Beziehung. So oder so beweist sich der Bindungsgestörte, was er ohnehin schon wusste: Beziehungen gehen nicht gut."[4] Ich möchte nochmal betonen, eigentlich glaubt Ihr Partner nicht dass *Beziehung überhaupt* gut geht, und das hat mit Ihnen als Person nichts zu tun. Die Phase eins, in der Sie toll und begehrt waren hatte allerdings auch nichts mit Ihnen zu tun. Sie sind das Objekt, an dem sich das alles vollzieht. Und austauschbar, das ist dann Phase drei, wenn es mit Ihnen zu anstrengend wird, oder sie endlich gegangen sind. Ggf. wird in Phase drei Phase eins bis zwei mit Ihnen nochmal wiederholt, falls Sie den Fehler machen, zurückzukehren.

Ich weiß, es ist nicht schön zu hören. Aber die Wahrheit ist nicht immer angenehm. Allerdings erlangen Sie nur durch die Wahrheit die Freiheit Ihre Entscheidungen zu treffen.

Nächstes Mal schreibe darüber, wann es besser ist zu gehen. Und darüber, was Sie beherzigen sollten (Stichwort Kontrollverlust), falls Sie es nicht tun. Schließlich sind Sie auch nur ein Mensch ;)

KAPITEL 5

WANN ES BESSER IST ZU GEHEN

Wenn Sie mich fragen: besser gestern als morgen. Je länger der Zustand so andauert, je öfter Ihr Partner Veränderungen zugesagt hat, und nicht einhielt, oder je klarer er/sie Ihnen gesagt hat, dass es sie/ihn nicht kümmert – ganz ehrlich, wir haben nur ein kurzes Aufblitzen als Lebensspanne – gehen Sie.

Warum das schwerfällt: denken Sie an die 3 Phasen der Beziehung. Sie haben anfangs in der Verliebtseinsphase eine Beziehungsillusion eingepflanzt bekommen, die sich nie erfüllt hat, sondern in ihr Gegenteil verkehrt hat. Ein Gefühl des Sicher-Gebunden-Seins hat es nie gegeben. Wie denn auch. Aber leider ist „[das] Bedürfnis, Kontrolle über sein Leben zu haben und eine gewisse Sicherheit zu empfinden, ein existenzielles, psychologisches Grundbedürfnis. Dieses existenzielle Bedürfnis koppelt sich an das Bedürfnis nach Bindung, das ebenso existenziell ist. Jeder Mensch, der eine Liebesbeziehung eingeht und damit sein Bindungsbedürfnis erfüllt, wünscht sich ein gewisses Maß an Sicherheit und das Gefühl, sich auf den Partner

19

verlassen zu können. Im Umkehrschluss ist es enorm beängstigend, keine Sicherheit zu haben. Fatalerweise befeuert der Kontrollverlust, also die Angst den anderen zu verlieren, jedoch enorm die Leidenschaft. Anstatt sich also zu entspannen, nach dem Motto „wenn er/sie nicht will, dann eben nicht!", löst die Unsicherheit bei den meisten Partnern genau den entgegengesetzten Impuls aus, nämlich ihn jetzt erst recht zu wollen. [Ich würde eher sagen: zu wollen, dass die versprochene Beziehung mal endlich beginnt, denn Ihr Partner hat sehr viele Erwartungen in Ihnen geweckt, und verhält sich vollkommen widersprüchlich und lässt Sie emotional verhungern nachdem er/sie Ihnen ein Festmahl versprochen hat.] Dahinter steckt das zutiefst menschliche Bedürfnis, die Kontrolle (wieder) zu erlangen."[5] Und Sie wissen, wie bescheuert Ihr Verhalten ist, nur Sie können es trotzdem nicht lassen. Das ist Kontrollverlust: sich um einen Menschen zu bemühen, obwohl er Ihnen schadet. Es ist ein Ego-Ding, schließlich sind Sie doch toll, und Ihr Partner hat es auch mal so gesehen, und Ihnen alles Erdenkliche versprochen... wenn man nur dorthin zurückkehrt, und das endlich lebt...

Bitte denken Sie an die 3 Phasen, es war nicht echt. Nur eine Projektion auf Sie. Bestehen Sie nicht darauf. Machen Sie sich nicht selbst unglücklich. Mögen Sie sich doch mal wirklich. Wieder. Denn der Kontrollverlust führt dazu, dass Sie nicht mehr Sie selbst sind. Hören Sie auf, Ihr Wohlergehen und vor allem Ihren Selbstwert an diesen Menschen zu koppeln. Es wird nie genug sein. Es ist ein schwarzes Loch. Fragen Sie um Gottes Willen NICHT „was mache ich falsch?". Höchstens, dass Sie immer noch da sind, sonst nichts. Stellen Sie doch zur Abwechslung mal auf Ihr Glück ab...

Wie das geht (mit oder ohne Partner) demnächst. Geben Sie auf sich acht.

KAPITEL 6

PRAKTISCHERWEISE IST DAS VORGEHEN – OB SIE SICH TRENNEN WOLLEN ODER NICHT – IN BEIDEN FÄLLEN GLEICH:

Damit sich etwas tatsächlich ändern kann, müssen Sie das Ende Ihrer Beziehung in Kauf nehmen.

Ansonsten werden Sie sich wie bisher einfach weiterdrehen, und die zum Kontrollverlust führenden Verhaltensmuster bleiben bestehen. Welche das sind, und wie Sie sie erkennen, ich finde das erklärt ein kleiner Fragenkatalog aus Bärbel Wardetzkis Buch „Eitle Liebe"[6] am besten, der darauf abzielt, ob man sich im sog. „expanded self" eines anderen Menschen befindet. Ihr Buch befasst sich mit dem Thema Narzissmus, allerdings finde ich, dass sich die darin beschriebenen Verhaltensmuster in allen wie auch immer gestörten und toxischen Beziehungen finden lassen. Hier also die Fragen, zum einen:

„Woran erkennen Sie, dass Sie sich im „expanded self" eines anderen befinden?

* Fühlen Sie sich im Kontakt minderwertig, klein, nicht gut genug, nichtig?
* Oder fühlen Sie sich im Gegenteil besonders und unangemessen aufgewertet? [Das passiert naturgemäß am Anfang der Beziehung]
* Erleben Sie ihr gegenüber als ideal und überlegen?
* Trauen Sie sich nicht, spontan zu handeln?
* Kontrollieren Sie Ihre Impulse und Ihr Verhalten?
* Trauen Sie sich nicht, dem anderen ehrlich zu sagen, wie es Ihnen geht und was Sie brauchen?
* Schielen Sie immer danach, was Ihrem Gegenüber gefallen könnte?
* Verhalten und fühlen Sie sich eher unbeholfen und unerwachsen? Vielleicht so, wie Sie es auf Ihrer Kindheit kennen?

- Erleben Sie Angst, Panik, Verlassenheitsgefühle, Depression oder körperliche Zustande, die für die Situation nicht angemessen sind und Ihnen selbst übertrieben vorkommen?
- Können Sie diese Zustände trotzdem im Kontakt mit dem anderen nicht stoppen?
- Greifen Sie auf Suchtmittel zurück, um sich zu beruhigen, von Ihren Gefühlen abzulenken oder um die Situation zu ertragen?
- Sehen Sie sich durch die Augen des anderen und versuchen, dem fremden Bild zu entsprechen?
- Machen Sie sich und dem anderen etwas vor?
- Sind Sie gar nicht die Person, die Sie vorgeben zu sein, nur um zu gefallen oder um Ihr Gegenüber für sich einzunehmen?
- Verleugnen Sie alles, was Sie am anderen nicht sehen wollen?
- Spüren Sie die Ablehnung und Abwertungen des anderen überhaupt erst, wenn Sie allein sind?
- Sehen Sie im Kontakt mit dem anderen keinen Weg, sich von seiner Beeinflussung zu distanzieren?
- Verhalten Sie sich anders als sonst?
- Strengen Sie sich im Kontakt sehr an?"[7]

Wenn Sie einiges bejahen können, drängt sich Ihnen vielleicht die Frage auf, wie es dazu kommen konnte. Das geschah folgendermaßen:

„Woran erkennen Sie beim anderen, dass dieser ein „expanded self" mit Ihnen herstellt?

- Die andere Person zeigt sich von ihrer besten Seite. [am Anfang]
- Sie erwartet, dafür von Ihnen idealisiert zu werden.
- Ihr Gegenüber definiert, wie Sie sein sollen, meist nonverbal.
- Ihr Gegenüber erwartet, dass Sie dieser Definition entsprechen, und reagiert negativ, wenn Sie das nicht tun.
- Verhalten Sie sich anders, als Ihr Gegenüber es erwartet, wird er/sie versuchen, Sie zu manipulieren oder zu entwerten.

- Oder es kommt sogar zu manifesten Auseinandersetzungen wie: Lautstarken Streitereien, Anschuldigungen, Vorwürfen, starken Spannungen und schlimmstenfalls zum Beziehungsabbruch.
- Sie werden belohnt, wenn Sie bereit sind, [das idealisierte Selbstbild ihres Partners zurückzuspiegeln.] [...]
- Oder Sie erreichen es dadurch, dass Sie so sind, wie Ihr Gegenüber Sie haben will und es dadurch Nutzen aus Ihnen zieht [...]
- Ihr Gegenüber lässt Sie spüren, dass ihm/ihr Macht wichtig ist, und er/sie schreckt auch nicht davor zurück, Sie zu unterwerfen".[8]

Wenn Sie die Fragen auf sich wirken lassen, und überlegen, welche Art Nichtbeziehung (so würde ich es eher nennen) ihnen zugrunde liegt, so fällt es Ihnen hoffe ich nicht mehr so schwer, das Ende davon in Kauf zu nehmen. Jetzt kommt die wesentliche Frage:

Wie komme ich da wieder raus?

- Nehmen Sie das Ende Ihrer Beziehung in Kauf, ansonsten bleiben Sie erpressbar und fallen aus Angst, Ihren Partner zu konfrontieren und dadurch zu verlieren immer wieder in diese Verhaltensmuster zurück. Sie müssen den Bezugsrahmen ändern. Bisher war es der Erhalt der Beziehung. Jetzt sollte es Ihr Wohlergehen sein.

- Im Vertrauen auf die Liebe Ihres Partners, und dass er nur Ihr Bestes will, haben Sie Ihrem Partner Macht und Einfluss über sich eingeräumt. Entmachten Sie ihn, denn Ermächtigungen können zurückgezogen werden, und sollten es auch, wenn Ihr Gegenüber sie offensichtlich nicht verdient und gegen Sie verwendet. Ich möchte hier in aller Deutlichkeit zeigen, Sie sind nicht machtlos, denn es ist IHRE Entscheidung, ob Sie ihrem Partner Einfluss über sich einräumen oder nicht. Nur wer frei ist, kann wählen.

- Wenn Sie eine fremde Einschätzung/Meinung über sich brauchen, so suchen Sie sich Menschen, die Sie schätzen, und Ihnen eine ehrliche aber liebevolle Meinung über Sie geben können. Hören Sie auf weder Kritik noch Komplimente (ja auch die, emotionaler Jo-jo Effekt) Ihres

Partners für bare Münze zu nehmen. Hierzu habe ich mal einen fabelhaften Cartoon gesehen, wo ein Herrchen einen regelrechen „erzieherischen" Wortschwall über seinen Hund ergießt. In der Sprechblase über dem Kopf des Hundes war zu lesen: „Bla, bla, bla Rex, bla bla Rex". Seien Sie ein bisschen so wie Rex. Ich weiß es ist radikal, aber es ist hilfreich, wenn Sie sich auf den Weg zu sich zurück aufmachen, wenn sie sich zunächst emotional vom Partner distanzieren, und von seinem Einfluss und seiner Meinung komplett unabhängig machen. Sonst kann ihr Partner Sie ganz easy mit ein paar Worten, oder mit einem abfälligen Blick auf emotionale Achterbahnfahrt schicken, und Sie drehen noch ein paar Loopings mehr in der Beziehung in ihren alten Verhaltensweisen.

• Dazu gehört auch: seien Sie öfter nicht da. Machen Sie, was Ihnen ganz allein Spaß macht. Am besten draußen, mit anderen Menschen. Entdecken Sie vergessene oder neue Hobbies, lassen Sie ihre Lieblingssportart der Jugend aufleben, oder machen Sie endlich den Yogakurs. Alles was Ihnen gut tut, Bewegung verschafft, was Sie in Kontakt mit anderen Menschen bringt, und Sie sich wieder lebendig und frei und ausgelassen fühlen lässt ist genau das, was Sie jetzt brauchen. Und nicht jemanden, der Ihnen zum hunderttausendstenmal versucht einzureden, wie schlecht und unzulänglich Sie sind.

• Ziehen Sie klar Ihre persönlichen Grenzen! Sagen Sie klipp und klar, was Sie akzeptieren und was nicht. Zeigen Sie deutlich die Konsequenzen auf. Vorsicht, keine leeren Drohungen. Dann lernt nämlich ihr Partner: „Bla, bla, bla, Rex." Wie das genau geht, werde ich noch passend für bestimmte Situationen aufzeigen.

Denn, wenn es Ihnen gelingt, wieder zu sich selbst zu finden, und sich auf gesunde Weise von ihrem Partner unabhängig zu machen, so kann es sein, dass gerade ihm, der noch so gerne von Ihnen unbehelligt bleiben wollte, trotzdem Ihre für ihn bisher jederzeit abrufbare Verfügbarkeit fehlt, und er, um sein Missfallen auszudrücken, nochmal richtig aufdreht…

KAPITEL 7

ERLERNTE HILFLOSIGKEIT VERLERNEN

Das ist es, was es nun zu tun gilt. In den vorherigen Kapiteln habe ich einige Verhaltensmuster und Kreisläufe aufgezeigt, die in der Summe dazu führen, dass man sich in einer Beziehung mit einem toxischen Menschen frustriert, wütend, hilflos und nahezu desorientiert fühlt, und tatsächlich damit anfängt, an seinem Verstand zu zweifeln. Das kommt nicht von ungefähr, denn ihr Partner hat alles gegeben, Sie das glauben zu lassen „ es gibt kein Problem, jeder würde so reagieren, wenn er von dir so provoziert würde", „mach dich mal locker, war nicht so gemeint" (wenn er Sie beleidigt hat), oder „du suchst nicht nur nach Problemen, du machst regelrecht welche." Und Sie?

Sie haben, anfangs vielleicht aus falscher Nachsicht „ja es war verletzend, aber er/sie hat es nicht so gemeint", „ich hätte ihn/ sie nicht so provozieren dürfen" aus falschen Schuldgefühlen, oder um weiteren Ärger zu vermeiden „ich sage lieber nichts, es wird nur noch schlimmer" Sie haben den Tanz mitgemacht, in der Hoffnung so wieder Ruhe und Harmonie in ihre Beziehung zu bringen. Gebracht hat es, dass Sie jetzt bis zur völligen Selbstaufgabe nach der Pfeife ihres Partners tanzen und ihn damit zum einen für sein Fehlverhalten belohnen, der er bekommt ja was er will, und kann alles machen und sich erlauben. Es hat ja keine Konsequenzen für ihn. Ferner sind Sie, indem Sie die Schuld auf sich nehmen, Dinge erst gar nicht verlangen und ihre eigenen Bedürfnisse hinten anstellen oder längst aufgegeben haben (Ruhe um jeden Preis, nicht wahr?) gerade dabei, ihren Partner in der Richtigkeit seiner Handlungen zu bestärken. Und darüber hinaus: ihr Partner ist gaaaanz weit davon entfernt, sich eingestehen zu müssen, dass er/sie selbst das Problem ist. Das sind nämlich Menschen, die sich um die Verantwortung für ihre Taten und die Auswirkungen dieser auf andere drücken, und „niemals entschuldigen" zu ihrem Lebensmotto gemacht haben. Das ist nur bei NAVY CIS cool. Sonst nicht.

Also überlegen Sie: wie belohnen Sie das schlechte Verhalten Ihres Partners? Wie helfen Sie ihrem Partner, Probleme und negative Konsequenzen, die er/sie durch sein/ihr Verhalten zu spüren bekommen sollte, nicht zu spüren?

Sie fragen sich wie das geht? Hier ein Beispiel aus Townsends Buch in meiner Übersetzung. Da geht es um ein Vater – Tochter Verhältnis: „Wenn dein Vater dich grundlos kritisiert, versuchst du ihn zu beschwichtigen. Wenn er sich grausam verhalten hat, rufst du ihn an, und entschuldigst dich, dass du ihn provoziert hast. Wenn er einen guten Tag hat, dann hoffst du, dass er sich ändert, während er sich einfach erholt und Kraft sammelt, übermorgen neue Schlechtigkeiten zu begehen. Deswegen trifft es dich völlig unvorbereitet, wenn er erneut explodiert. Wie alle, vermeidest du eine unmittelbare Konfrontation mit ihm, so erfährt er nie eine ehrliche Meinung über sein Benehmen. Du verlangst nicht, dass er sich einer Therapie unterzieht, weil es ihn erzürnen könnte. […] Wenn deine Geschwister sauer auf ihn sind, dann versucht du zu vermitteln, damit er sich nicht aufregt."[9] Usw., usf.

Sie können zwar ihren Partner nicht dazu bringen, sich zu ändern. Sie können aber all diese o.g. Verhaltensweisen lassen, so dass dieser pathologische Tanz automatisch aufhört. Ich habe mal den schönen Spruch gehört: „Die zutreffendsten Konsequenzen zeigt das Leben selbst auf." Lassen Sie es geschehen, halten Sie diese nicht von Ihrem Partner fern. Holen Sie sich die Kontrolle über Ihr eigenes Leben zurück, indem Sie Ihre eigenen Grenzen klar bestimmen und definieren, welches Verhalten sie akzeptieren, und welches nicht. Welche Alternativen sie akzeptieren und welche Konsequenzen es haben wird, wenn ihr Partner mit seinem Verhalten nicht aufhört. Wie das genau geht werden wir noch uns in einzelnen Situationen anschauen.

KAPITEL 8

ICH HABE SCHON „ALLES" VERSUCHT, UND „NICHTS" HAT GEHOLFEN

Wenn Sie sich im letzten Kapitel wiedergefunden haben, dann würde ich eher behaupten „nein, nicht ganz". Zum einen, weil Sie viele Sie benachteiligende Verhaltensweisen etabliert haben, um z.b. Ihren Partner zu beschwichtigen, was ihn nur noch mehr sich im Recht wähnen lässt, und seine negativen und toxischen Verhaltensweisen verstärkt, wenn er etwas erreichen will. Zudem bestärkt Sie der sich immer schneller drehende Kreislauf, fälschlicherweise in der Einstellung, dass Sie nichts ändern können, und nur noch irgendwie reagieren müssen, um das „Schlimmste" zu verhindern. Kommt Ihnen dennoch mal ein berechtigter Zweifel daran auf, so werden Sie durch den Stress, den die permanente Ungewissheit und das Gefühl absolut die Kontrolle verloren zu haben, in Ihnen dauerhaft erzeugt, so sehr davon aufgerieben, dass Sie nicht klar denken können.

Letzteres ist tatsächlich dadurch zu erklären, dass ein Mensch, dessen Grundbedürfnisse nach Sicherheit, Anerkennung, Erfüllung (Selbstverwirklichung) und Kontrolle (im Sinne von wirksamer Gestaltung) nicht erfüllt werden, im Zustand permanenter Anspannung und Bedrohung lebt, was auf Dauer sogar zu körperlichen und emotionalen Problemen führen kann. (siehe W. Robert Nay)[10] Wie wir in den ersten Kapiteln gesehen haben, handelt es sich dabei genau um die Dinge, die uns ein toxischer oder sonst wie bindungsgestörter Partner versagt!!! Laut Dr. Nay sind „solch misslichen Gefühle wie Unruhe, Schuldgefühle, Zorn und Angst ein unmittelbarer Effekt dessen, dass eines der Grundbedürfnisse in irgendeiner Weise negiert wurde. Solche schmerzhaften Empfindungen haben Ihr Ziel. Sie signalisieren uns, dass wir Gefahr laufen, verletzt zu werden und dass jemand oder etwas die Erfüllung unserer Grundbedürfnisse bedroht."[11] Je emotionaler und verletzter wir werden, desto mehr laufen wir leider Gefahr, „dass wir durch das

Verhalten unseres Partners zu jemanden werden, der wir nicht sein wollen, und in erschreckender Weise unsere schlechte Natur offenbaren. […] Es geht darum, dass wir ein Bedürfnis verspüren: nach Wärme, Akzeptanz oder Liebe, und dies von der schwierigen Person erwarten. Wenn wir diese Dinge nicht erhalten, reagieren wir nicht mehr erwachsen, sondern verzweifelt und sehr emotional."[12] Im Wesentlichen kommt es dazu, weil Menschen unter enormen Stress auf frühkindliche Verhaltensmuster zurückgreifen (sog. Regress, bekannt in der Psychologie, es geschieht wohl, weil diese „fester" etabliert sind, und automatisch abgerufen werden. Leider trägt es zur Vergrößerung des Problems bei, vor allem, wenn Sie nicht das Glück hatten, eine glückliche Kindheit gehabt zu haben.) „In der Regel ist das sehr unwirksam. Der toxische Mensch denkt sich: „Bitte schön. Ich bin nicht das Problem, sondern die durchgeknallte und schäumende Frau."[13] Und Sie glauben das auch noch, und stellen sich in Frage. Was Sie noch mehr verunsichert, und zum emotionalen Chaos, das Ihr Leben mit einem toxischen Partner prägt und bestimmt, beiträgt. Deswegen war ich eben geneigt zu sagen, SIE haben noch nicht alles versucht. Schauen Sie nochmal in Kapitel 6 nach, inwiefern Sie noch Sie selbst sind.

Sie müssen den Schlüssel zu Ihrem Glück, den Sie vertrauensvoll ihrem Partner übergeben haben, wieder wegnehmen (Townsend sagt entreißen ;) Sie müssen IHR Leben zurückgewinnen. Sie müssen Ihre Einstellung und Ihre Denkgewohnheiten verändern, bevor Sie tatsächlich wirksam! anders mit Ihrem Partner umgehen und sich ihm gegenüber verhalten können. Dazu zählt zum einen, dass Sie sich wie in Kapitel 6 beschrieben um Ihr eigenes Wohlergehen kümmern. Zum anderen, dass Sie, damit Sie nicht von den Stimmungen und Launen Ihres Partners immer wieder eingeholt und auf emotionale Achterbahnfahrt geschickt werden können, eine klare Haltung gegenüber Ihrem Partner einnehmen, die unabhängig von seinem Verhalten ist. Sehen Sie ihn doch mal als den Menschen, der er zumindest aktuell tatsächlich ist. Nämlich ein Mensch mit einer großen Charakterschwäche, dem Ihr Wohlergehen ziemlich gleichgültig ist, solange er/sie seine/ihre Belange durchsetzen kann, der sich folglich Ihr Vertrauen erst wieder wird verdienen müssen, und der von Ihnen ganz dringend ihre Grenzen und die Konsequenzen ihrer Nichteinhaltung aufgezeigt bekommen sollte. Wenn Sie diese Haltung als Arbeitshaltung für die nächste Zeit einnehmen, dann wird es Sie nicht mehr erschüttern, wenn Ihr Partner z.B. unverschämt Ihnen gegenüber wird. Wenn Sie sich von der Vorstellung frei machen, was Ihr Partner „sollte", sondern ihn so sehen wie er tatsächlich ist, so werden Sie anders mit seinem Verhalten umgehen, denn es wird nicht mehr überraschen „wie konnte er nur wieder", sondern es wird eher ein „ah, das schon wieder" sein. Glauben Sie mir, letzteres ist besser ;) Und Sie können das ganz anders handhaben. Dazu später mehr.

KAPITEL 9

DAS DENKEN: FREUND ODER FEIND?

Ganz ehrlich, ich weiß, dass das alles unendlich traurig ist. Wenn ich hier schreibe: distanziere dich emotional. Reduziere die Bedeutung deines Partners für dich und für dein Leben. Betrachte ihn kritisch und sachlich mit Abstand. Nimm eine „Arbeitshaltung" ein. Wir wollen uns eigentlich nicht distanzieren. Wir wollen nicht alles alleine tragen, machen, ertragen. Wir wollen uns vom Partner nicht noch mehr entfernen, sondern ihm näher kommen. Wir wollen geliebt werden. Wir wollen eine Partnerschaft, die auf gegenseitiger Liebe, Nähe, Geborgenheit, Intimität, Achtung, Freiheit und Vertrauen beruht. Ich weiß, dass das Widerstand weckt, und den Gedanken, „warum muss das mir passieren? Warum kann ich nicht einfach glücklich sein? Warum kann mein Partner nicht einfach verstehen?" Leider weil er genau das nicht kann, und/oder will. Und deswegen ist es wichtig, dass Sie bei sich bleiben. Ich denke, ich habe die Mechanismen, die dazu führten, dass Sie sich hilflos fühlten und sich von sich selbst entfernten, soweit beschrieben, dass Sie diese a. erkennen und b. sich verzeihen können. Sie wollten geliebt werden, das ist menschlich. Das ist vollkommen ok.

Ich hoffe aber, dass auch klar geworden ist, dass Ihre bisherigen Denkweisen über die Beziehung nicht zwangsläufig richtig sein müssen, weil Sie eben diese Erfahrungen gemacht haben. Wie Nay es formuliert: „Wenn Sie etwas oft genug denken, werden Sie es glauben." Auch wenn es für den Arsch ist: z.b. „Ich bin nicht in der Lage, mit dem Ärger meines Partners umzugehen." Richtig wäre: „Ich kann lernen, anders damit umzugehen". Denken Sie an die Arbeitshaltung ;)

Und wozu das Ganze? Fakt ist, wir können niemanden ändern. Wir können nicht den kleinsten Schritt für eine andere Person tun. Was ist, wenn er/sie sich nicht ändert?

Zum einen: Sie bleiben bei sich, und sind frei, Ihre Konsequenzen daraus zu ziehen. Ob Sie die Beziehung weiterführen, oder vielleicht woanders ihr Glück suchen. Sie haben das Recht glücklich zu sein (wenn Sie mich fragen auch die Pflicht).

Zum anderen: das habe ich auch schon angedeutet. Wenn Sie sich aus der Gleichung nehmen, dann wird das System Ihres Partners nicht mehr funktionieren. Soll heißen, Sie können ihm/ihr dadurch ihr/sein schlechtes Benehmen so unangenehm und nicht lohnenswert wie möglich machen. Und darüber kann man, bei den weniger Beratungsresistenten, Veränderungen anstoßen. Die anderen bleiben dann auf eigenen Wunsch mit ihrer Scheiße allein. Seien Sie sich bitte bewusst, dass das so passieren kann. Dass Sie alles geben werden, und ihr Partner rein gar nichts ändert. Dann sollten aber Sie was ändern. Den Partner nämlich. Wäre das Problem ihres Partners nicht so groß, bräuchten wir das alles hier nicht. Sie würden ihm sagen, wie sehr Sie die Dinge treffen, er/sie würde es überdenken, und auf Sie eingehen, oder mit Ihnen eine für beide tragfähige Lösung ausarbeiten. So funktioniert das bei normalen Menschen wie Ihnen. Und deswegen haben Sie so lange versucht, zum Verstand des Unverständigen zu sprechen, und es traf Sie immer wieder mit voller Wucht, wie niederträchtig ein Mensch sein kann. Immer und immer wieder. Bis Sie nicht mehr wussten, wo oben oder unten ist. So, damit das aufhört: überprüfen Sie Ihre Überzeugungen zum Thema Ihrer Beziehung (s.o.) machen Sie am besten eine schriftliche Liste. Wenn es Ihnen schwerfällt, eine richtige alternative Überzeugung zu formulieren, so schreiben Sie einfach für den Anfang das Gegenteil auf, und modifizieren Sie ggf. ein wenig ;)

Überlegen Sie, welche Verhaltensweisen Ihres Partners Sie nicht mehr tolerieren werden. Für alle, die auch da langsam nicht mehr wissen, wo oben und unten ist hier eine Liste von Dingen, die als verbale und emotionale Gewalt zählen:

- Demütigungen und Erniedrigungen
- Beleidigungen, despektierliche Bezeichnungen
- Intellektuelle Spielchen
- Das Verschweigen von Informationen
- Den Selbstwert des Gegenübers in Frage stellen
- Rede oder Handlung, die darauf abzielt, dass sich der Partner ignoriert oder nicht ernstgenommen bzw. beschämt fühlt
- Ignorieren oder das Bedrohen von Grundbedürfnissen (z.B. des Bedürfnisses nach Sicherheit durch Androhen einer Trennung, weil dem Partner etwas an ihrem Verhalten nicht passt)

Notieren Sie sich die „Highlights" Ihres Partners auf, die für Sie nicht akzeptabel sind. Damit werden wir demnächst dann arbeiten. Suchen Sie sich Menschen, die Sie in Ihrem Vorhaben unterstützen, und für Sie da sind, und Ihnen zumindest teilweise das geben können, was Ihnen Ihr Partner versagt.

Von allen anderen halten Sie sich bitte fern ;)

KAPITEL 10

DO IT YOURSELF

Ich hoffe, Sie haben nunmehr einige Ihrer falschen Überzeugungen und Denkgewohnheiten (im Fachchinesisch „kognitive Deformationen" - was ziemlich plastisch das Problem beschreibt) enttarnt, und durch tragfähige Überzeugungen ersetzt, so dass Sie sich nun gestärkt fühlen. Denn jetzt geht es daran, „das einzige zu tun, das eine Veränderung des Verhaltens des Partners bewirken kann, nämlich dafür zu sorgen, dass sein schädigendes Verhalten ihm keinerlei Nutzen bringt."[14]

Ich bat Sie, eine Liste Ihrer „Highlights" des Partners zu erstellen. Jetzt geht es darum, diese zu nutzen und auf ihrer Grundlage die eigenen Grenzen klar zu ziehen, und sie dem Partner zu kommunizieren. Dies sollte sich (lt. Nay) nach folgender Struktur richten:

„1.   Als du gesagt, als du getan hast, als es zu … gekommen ist (hier folgt eine sachliche, auf Fakten basierende Beschreibung des Verhaltens des Partners OHNE Bewertung) also, z.b. „als du mich gestern Abend eine Idiotin genannt hast (Fakt), weil dich meine Gefühle nicht kümmern (Bewertung/ Vorwurf - gehört da nicht hin!)"
2.   Da dachte ich…
3.   Fühlte ich…
4.   Für die Zukunft wünsche ich… (hier formulieren Sie alternatives, von Ihnen gewünschtes positives Verhalten)
5.   Wenn du dich anders verhältst, dann werde ich dich sehr gerne anhören und mich bemühen, mit dir gemeinsam die Dinge zu lösen. Wenn du zu deinen alten Verhaltensweisen zurückkehrst, dann werde ich …"[15] z.B. dich darauf hinweisen, mit der Bitte, dass du aufhörst [wenn das gelingt sollten Sie SOFORT bereit sein, das Gespräch wieder aufzunehmen]

sollte das nicht fruchten, werde ich das Gespräch sofort beenden, und mich um meine Belange kümmern, die Wohnung für 30 Minuten verlassen, für 2 Tage zu meiner Schwester ziehen, etc.

Schreiben Sie das für sich auf. Und jetzt machen Sie es sich zunutze, dass unser Gehirn keinen Unterschied macht, ob Sie sich etwas vorstellen oder ob Sie es tatsächlich erleben. Sie machen jetzt sog. Vorstellungsübungen: „Vorstellungsübungen sind eine geistige Form der Übung, bei der Sie sich im Geiste vorstellen, wie Sie in einer bestimmten Situation denken, fühlen und handeln wollen."[16] Sie stellen sich also in Gedanken vor, wie Sie in einem ruhigen! Moment ihren Partner um ein Gespräch bitten, und ihm mit ganz ruhiger Stimme, ganz sachlich und ohne große Emotionen nach dem o.g. Schema Ihre neuen Grenzen und die Konsequenzen daraus vorstellen. Spielen Sie gedanklich etwaige Widerstände des Partners durch, und wie Sie dann trotzdem ruhig und sachlich zu Ihrem Thema zurückkehren (ja genau, gebetsmühlenartig). Sie werden wahrscheinlich überrascht sein, wie viele Emotionen in Ihnen nur bei dem Gedanken hochkommen. Deswegen diese Übung. Wenn Sie das hier dann im Geiste gut durchspielen können, üben Sie es unbedingt mit einer echten Person, der Sie vertrauen, und die die Verhaltensweisen Ihres Partners nachahmen soll. Üben Sie, trotz Einwände zu Ihrem Thema immer wieder zurückzukehren, oder wenn Sie merken, dass das Gespräch ansonsten eskalieren würde, weil Sie selbst auch nicht mehr ruhig bleiben könnten, es zu vertagen. Das ist ganz wichtig, bevor Sie sich mit Ihrem Partner konfrontieren. Nehmen Sie sich unbedingt die Zeit zum Üben.

Es kann sein, dass es Ihnen bei bestimmten verletzenden Verhaltensweisen Ihres Partners schwer fallen wird, sie klar aufzuzeigen und Grenzen zu ziehen. Wenn Ihr Partner Sie anschreit oder beleidigt, dann ist das ein sehr eindeutiges, klar erkennbares und benennbares Verhalten. Wie ist es im Falle von Sarkasmus, oder passiver Aggressivität, oder wenn Ihr Partner Aggression gegen sie instrumentalisiert nutzt? Das wird uns später beschäftigen.

KAPITEL 11

WORAN MAN ERKENNT, DASS ES SARKASMUS IST UND VON ANDEREN SCHWEINEREIEN

Woran Sie erkennen, dass es Sarkasmus ist: wenn Sie sich verletzt, beschämt, gedemütigt oder erniedrigt fühlen, dann war es wohl Sarkasmus. Er kommt aber gern verkleidet als „Scherz" daher, und nachher heißt es, Sie seien überempfindlich oder humorlos und es sei auf keinen Fall so gewesen. Das führt freundlicherweise dazu, dass Sie sich noch zusätzlich schuldig und als Spaßbremse fühlen und an Ihrer Wahrnehmung zweifeln... Dennoch, wenn es kein Einzelfall ist, und ihr Partner sonst nicht zimperlich mit Ihnen umgeht, dann gibt es keinen Zweifel. Vermeiden Sie, wenn Sie Ihren Partner auffordern, das zu unterlassen, jegliche Diskussion um Ihre Wahrnehmung, Überempfindlichkeit oder ob Sie humorlos sind. Stellen Sie auf Ihre Gefühle ab, und dass es kaum zu viel verlangt sein kann, dass Ihr Partner diese respektiert. Sarkasmus zählt neben Kritik, Rechtfertigung und Mauern zu den vier Reitern der Apokalypse, die laut Dr. John Gottman zuverlässig das Ende der Beziehung anzeigen. Denn keins davon zielt auf Lösung, sondern nur auf Entwertung des Gegenübers ab.

Ähnlich ist es, wenn es um die Aggressivität des Partners geht. Ist er expressiv aggressiv, und zur echten Reue fähig, so besteht bei einer Therapie die Möglichkeit zu einer echten Veränderung. Handelt es sich um instrumentelle Aggression, so sieht es gleich schlecht aus: „Dieser Typ der Aggression resultiert aus einer tief verwurzelten Persönlichkeitsstörung, und ein Mensch, der diese Form der Aggression zeigt, möchte seien Partner einschüchtern und kontrollieren, um sich ihn unterzuordnen. Hierbei ist die Aggression Mittel zum Zweck und kann schnell ein oder ausgeschaltet werden. Emotional ist der Partner nicht stark aufgewühlt."[17] [R. Nay – Overcoming anger...] Diese Personen zeigen auch keinerlei Schuldgefühle oder Reue, und verletzen andere um ihre egoistischen

Ziele durchzusetzen. Wäre vielleicht ratsam zu überdenken, dass es Therapeuten gibt, die eine Zusammenarbeit mit solchen Menschen ablehnen... ich weiß auch nicht warum... (wo wir schon bei Sarkasmus sind ;)

Zum Schluss kommt noch die Königsdisziplin: Passiv-aggressives Verhalten. Wie Sie es schaffen mit jemanden im selben Raum zu sein und sich so einsam zu fühlen wie noch nie.

KAPITEL 12

PASSIV AGGRESSIVES VERHALTEN, WO WENIG TUN UND VIEL UNTERLASSEN SEHR VIEL BEWIRKT

Schon mal nach einem ganzen Wochenende mit Ihrem Partner das Gefühl gehabt, noch nie so einsam gewesen zu sein, obwohl er die ganze Zeit körperlich anwesend war? Haben sie sich schuldig gefühlt, ohne zu wissen was sie verbrochen haben und x-Mal nachgefragt ob was wäre, aber „außer" Ihrem „bedrängen" wäre nichts? Haben Sie an Ihrer Wahrnehmung gezweifelt, und sich frustriert und hilflos gefühlt? Laut Robert Nay beruht passive Aggression auf der Verneinung. Es ist eine nonverbale Mitteilung folgenden Inhalts: „Ich bin wütend auf dich, aber ich zeige keine Verärgerung und ich werde meine wahren Gedanken und Gefühle vor dir nicht aufdecken. Stattdessen werde ich etwas tun, das du nicht willst, oder ich tue etwas nicht, das du willst, um dich zu bestrafen, aber auch das werde ich nicht zugeben."[18] Treffend bemerkt Nay, dass das dazu führt, dass man völlig in der Luft hängt und bezüglich der eigenen Fähigkeit der Einschätzung des Verhaltens des Partners und der eigenen Reaktionen völlig verunsichert wird.

Bei den besonders unreifen Betroffenen kommt noch die kalte Wut dazu. Die Person ignoriert Sie dann einfach, behandelt Sie wie Luft und verweigert jegliche Gespräche. Mit sehr wenig Handlung richtet Ihr Partner großes Unheil an.

Wenn Sie Zweifel an Ihrer Wahrnehmung hegen, hier die untrüglichen Zeichen, dass das Verhalten des Partners tatsächlich passiv-aggressiv ist. (Ich fasse hier gekürzt zusammen in Anlehnung an Nay, und der bezieht sich auf Scott Wetzlers „Living with the passive-aggressive man")[19]:

- Ihr Partner lobt Sie nicht, obwohl Sie es verdient hätten, und selbst wenn Sie ihn darum bitten, unterlässt er es
- Wenn Sie etwas Gutes für ihn getan haben, so sucht er den Makel darin, anstatt das anzuerkennen
- Er „vergisst" Ihre Bitten, z.B. Dinge zu erledigen, oder Rücksicht zu nehmen, er sät gerne Chaos, z.b. indem er ihm übertragene Aufgaben nicht erledigt, oder unvollendet lässt, oder derart schlampig ausführt, dass Sie selbst nochmal ran müssen oder eben Mitten im Chaos stehen, was sich negativ auf Sie auswirkt
- Er macht Dinge, von denen er ganz genau weiß, dass diese Sie reizen, und versichert dann, es wäre keine Absicht
- Er kommt notorisch zu spät, schätzt Ihre Zeit nicht und drückt Ihnen damit seine Zeitplanung auf
- Wenn er ihr Bedürfnis nach Nähe bemerkt, so hält er sich auf Abstand
- Verzögert Dinge gern, z.B. wenn er merkt, dass Sie mit ihm über etwas ernstes Reden wollen, wodurch das Gespräch erst gar nicht zustande kommt
- Wenn Sie ihn nach wichtigen Überlegungen, Gefühlen oder Bedürfnissen fragen, so antwortet er nichtsagend: „Unwichtig", „Vergiss es", „Weiß nicht", während er Sie unter Umständen spüren lässt, dass etwas ganz gewaltig nicht stimmt.

Und genau dieses Spüren ist es, das es am Laufen hält, denn Sie merken den Widerspruch und fragen nach urwaldgeräuschmäßig „ist was? So sag mir bitte? Habe ich dich verletzt? Was ist los? Stimmt was nicht?" Usw." usf. ... Ihr Partner packt Sie mit diesen passiven Methoden, da Sie letztlich das Gefühl der Einsamkeit nicht ertragen können, und dieses Wissen und Nichtwissen, dass etwas nicht stimmt erzeugt massiven Stress, indem er Sie „erahnen" lässt, dass etwas nicht stimmt, aber nicht was. Und Sie reagieren, fragen nach, betteln um Antwort... und schwupp, Sie sind da, wo er Sie haben will.

Wie Sie ihn/sie packen können, obwohl alles so schön schwammig ist: Nay sagt ganz klar: „Du bist kein Hellseher und selbst wenn du treffend die Ursachen des Zorns des Partners interpretierst, und von ihm verlangst, dass er das zugibt, gibst du ihm zu verstehen, dass sein Verhalten die gewünschte Wirkung hat."[20]

Also hinterfragen, fordern und klagen Sie es nicht ein: sagen Sie Ihrem Partner, dass Sie ihn buchstäblich wörtlich nehmen „nichts" ist halt „nichts" und dass er, wenn er etwas auf dem Herzen hat, es Ihnen DIREKT sagen soll, und dass Sie ihn dann gerne anhören. Bis es soweit ist, nehmen Sie das was er sagt als gegeben an. Also „nichts" ist „nichts".

Machen Sie sich weitestgehend von seinen Entscheidungen, oder aber auch Verzögerungen dieser unabhängig: z.B. „ich habe dich 3 Mal gebeten, mit mir zu besprechen, wohin wir in Urlaub fahren, nie kam das Gespräch zustande. Ich entscheide das jetzt für mich, du kannst dich gerne anschließen. Falls nicht, dann fahre ich mit meiner Schwester, o.ä." Lassen Sie Ihren Partner die natürlichen Konsequenzen seiner Unterlassungen spüren, machen Sie auf keinen Fall seine Arbeit. Wenn er z.B. mal wieder irgendwas „vergisst", dann gibt es halt nichts zu essen, keine sauberen Hemden (wenn er sie nicht aus der Reinigung geholt hat, wie Sie ihn gebeten haben). Vereinbaren Sie mit Ihrem Partner Zeitfenster, in denen er etwas erledigen soll, und erwarten Sie dann von ihm, dass er es dann auch wie jeder erwachsene Mensch auch ausführt.

Wenn all das nicht fruchtet, dann können Sie sich fragen, ob ein Mensch, der Ihnen rein gar nicht zu geben hat, der Ihnen nicht geben kann, und Ihnen nichts geben will, tatsächlich Bestandteil IHRES Lebens sein muss...

II. PERSÖNLICHE ENTWICKLUNG

KAPITEL 13

„WARUM ICH ?" II

Im letzten Jahr schrieb ich darüber, wie Sie in einer unglücklichen Beziehung wieder zu sich finden und wie Sie ihre Beziehung(en) neu definieren oder sich besser daraus lösen können. Im Endeffekt werde ich auch dieses Jahr über Beziehungen schreiben (denn wir erkennen uns nur in Beziehungen – so fing es hier ja an mit dem Zitat von Krishnamurti), vorrangig über die Beziehung zu sich selbst, und wie sie auf alle anderen ausstrahlt. Und wenn das Jahr reicht, dann auch gerne: „wie lebe ich in einer glücklichen Beziehung?" wäre doch mal was ;)

Im letzten Jahr war aber der meistangeklickte Beitrag: „Warum ich?" insofern haben Sie mich als meine Leser darin bestärkt, genau über dieses Thema mehr zu schreiben. Wir werden uns in diesem Jahr also genauer ansehen, was in Ihnen Sie dazu bringt dass Sie: *den Wunsch, diese Beziehung aufrecht zu erhalten oder endlich ans Laufen zu kriegen, über Ihr eigenes Wohlergehen stellen.*

Genau.

KAPITEL 14

„GESCHENKE" FÜRS LEBEN?

Wie ich es beschrieben habe, reicht allein der Mechanismus des Kontrollverlusts aus, „um einen an sich völlig vernünftigen Menschen bis an den Rand des „Wahnsinns" zu treiben."[21] [Stefanie Stahl:

39

„Jein!"] Ungünstige Kindheitserfahrungen und Verhaltensmuster können diesen Zustand jedoch enorm vertiefen und/oder sehr lange andauern lassen, so dass Sie Jahre oder gar Jahrzehnte an solche Beziehungen verschwenden... Es geschieht u.a. auch durch die von mir in Kapitel 8 beschriebenen Mechanismen, die genau diese Verhaltensmuster hervorholen, und für Sie zu einer zusätzlichen Belastung werden, vor allem wenn diese Verhaltensmuster gegen Sie arbeiten.

Ich sage gerne, dass jeder „Geschenke" seiner Eltern mit auf dem Weg bekommt, um die er nie gebeten hat, und die er besser nicht bekommen hätte. Sie sind aber nun mal da, und ich versichere Ihnen, sie bleiben Ihnen so lange erhalten, bis Sie sie endlich „auspacken" und sich mit ihnen als Erwachsener bewusst auseinandersetzen und emotional Ihr Elternhaus verlassen und Frieden damit schließen. Hierbei kann man, laut Monika und Marcin Gajdowie, drei große Fehler begehen:

„1.	Nichtverstehen oder Verdrängen der durch die Eltern begangener Fehler
2.	Ewige Erwartungen und Klagen gegenüber den Eltern
3.	(Scheinbares) Ablehnen und Abstoßen der Eltern

Gerade die letzte Haltung ist trügerisch, da sie die Illusion der Unabhängigkeit birgt, jedoch bindet diese Verteidigungshaltung unheimlich stark an die Eltern," so Gajdowie.[22] Das führt dazu, dass „sowohl die, die ewig die [bedingungslose Eltern]liebe erwarten, als auch die, die ihre Eltern abstoßen, in die Falle der emotionalen Abhängigkeit geraten."[23] Das geschieht, weil Sie so nach wie vor auf die Verletzungen der Kindheit reagieren, anstatt als Erwachsener zu agieren und ihr Leben losgelöst von dem Ihrer Eltern gemäß Ihren eigenen Überzeugungen zu leben. Das sagt uns schon die Bibel in Matthäus 19, 5-6: „Darum wird ein Mann Vater und Mutter verlassen und an seiner Frau hängen, und die zwei werden ein Fleisch sein." Von „sie schleppten die Schwiegermutter huckepack mit" ist nicht die Rede ;)

Aber, Spaß beiseite: Sie sind erst Sie, wenn Sie ihr Elternhaus verlassen haben und nicht mehr davon emotional abhängig sind. Das Tragische ist, dass gerade den Menschen, die eine besonders bescheidene Kindheit hatten, genau dieser Schritt besonders schwer fällt. Warum das so ist und was dazu führt und wie es dennoch gelingt wird uns in den nächsten Blogs beschäftigen.

KAPITEL 15

IMMER DIESER KINDHEITSQUATSCH

Das wir das so empfinden, bzw. es für überbewertet halten, Schwierigkeiten im Erwachsenenleben auf die Kindheit zu beziehen, hängt damit zusammen, dass wir als Kinder zum einen nicht die Befähigung haben, unser Leben und unser Umfeld objektiv und distanziert zu beurteilen: „ Mama und Papa haben unbewältigte große Probleme mit sich selbst, die sie gerade auf mir abladen, es ist nicht meine Schuld, dass sie mich anschreien, schlagen oder ignorieren, runtermachen oder was auch immer. Es sagt nichts über mich oder meinen Wert als Mensch, sondern nur über sie aus." Sondern ein Kind bezieht alles auf sich - wirklich alles - und gibt sich selbst die Schuld dafür. Es kommt noch hinzu, dass ein Kind, welches dauerhaft wie auch immer gearteten Misshandlungen ausgesetzt ist, diese auch zu verdrängen lernt, um sich einerseits zu schützen (denn es geht u.U. tatsächlich um das Überleben); zum anderen, weil es irgendwie die Liebe der Eltern noch bekommen möchte, denn diese Sehnsucht ist in jedem Kind drin, und sich dadurch entsprechend an die Ursprungsfamilie anpasst, auch um den Preis der Selbstaufgabe, der dem Kind aufgrund der beschriebenen Mechanismen natürlich nicht bewusst ist.

Die Eltern sind Gott im Universum des Kindes, und auch des Teenagers, auch wenn es nach außen hin anders aussehen mag. Und das heißt, Sie verlassen ihr Elternhaus mit einem Komplettsteuerungsprogramm fürs Leben: wie es ist, wie es zu sein hat, was von Wert und Bedeutung ist, was Sie wie zu bewerten haben, was ihr eigener Wert ist, wie Sie sich zu verhalten haben. Und dies zum einen auf der Ebene, die Ihnen kommuniziert wurde, und der, die Sie tatsächlich erlebt haben. Bewusst ist Ihnen das alles aber nur bedingt, da Sie davon vollkommen durchdrungen sind, und es zum Teil auch unter dem Schleier der Verdrängung liegt. Das ist Ihr MS-DOS Betriebssystem. Wenn Sie den Rechner anwerfen, sehen sie nichts davon. Sie sehen nur die hübsche, von Ihnen personalisierte Benutzeroberfläche von Ihrem Windows 7.

Ich erinnere mich, wie einst mein Lehrer einen Fragebogen aushändigte, mit ganz einfachen „Ja- Nein" Fragen. Wie z.b. die Frage: „Hat die Luft ein Gewicht?" Es ging dabei darum, zu verdeutlichen wie unterschiedlich wir heute im Vergleich zu Menschen vor dem Zeitalter der Aufklärung denken. Mit dem Wissen von heute, war es nicht möglich, auf irgendeine der Fragen mit „nein" zu Antworten. Mit Blick auf das Blatt wurden zwei Dinge deutlich: die Gemeinsamkeit mit den Menschen hört in etwa dabei auf, dass wir der gleichen Spezies angehören. Und wir sind tief und unreflektiert durchdrungen von unseren Überzeugungen, die unser tägliches Handeln leiten...

KAPITEL 16

UND WIE IST IHR MS DOS DENN SO?

Ich habe zuvor geschrieben, dass Sie Ihr Elternhaus mit einem Komplettsteuerungsprogramm fürs Leben verlassen, diesem unter der Oberfläche arbeitenden „MS DOS". Die Krux ist, es wurde nicht geschrieben, damit Sie ein möglichst gutes, selbstbestimmtes und glückliches Erwachsenenleben führen können. Sondern es wurde - vor allem je nachdem wie Ihre Kindheit so war - geschrieben, damit Sie diese in Ihrem wie auch immer gearteten Zuhause unter Umständen im wahrsten Sinne des Wortes: überleben. Und zu keinem anderen Zweck.(!) Das bedeutet aber, dass wenn Sie das Pech hatten, eine unglückliche Kindheit mit vielen Misshandlungen erlebt zu haben, dieses Programm Ihnen im Erwachsenenleben mit Sicherheit keine Hilfe, sondern eine Bürde sein wird. Erschwerend kommt hinzu, dass Sie, dank der Mechanismen der Verdrängung und des Umstandes, dass vieles unbewusst abgelaufen ist, das (so) nicht sehen können. Wie man seine Kindheit im Rückblick bewertet, wird uns noch später beschäftigen, an dieser Stelle wollen wir erstmal festhalten, dass Probleme der einen Generation die nächste und selbst die nachfolgenden Generationen deformieren, wenn die Kreisläufe, in denen sich gestörte Familien bewegen, nicht durchbrochen werden. Denn die Kinder in den Familien werden, aufgrund der von mir zuvor beschriebenen Mechanismen, mit-abhängig von den gestörten Verhaltensweisen und Teil eines gestörten Systems. In ihrem Buch „Mut zur Liebe" beschreiben Hemfelt, Minirth und Meier diese Form der Abhängigkeit mit dem Begriff der Kodependenz „[die] man als eine Sucht nach Menschen, Verhaltensweisen oder Dingen [definieren kann.]"[24] Der Begriff wurde zunächst in therapeutischer Arbeit mit Alkoholikerfamilien geprägt, als auffiel „dass die Familie eines Alkoholikers oft genauso von dessen Alkoholismus abhängig war wie er selbst vom Alkohol. Die Angehörigen hatten nicht nur ihr ganzes Leben, sondern ihre ganze Sicht des Lebens auf das Zusammenleben mit einem Alkoholiker eingestellt. [...] Besonders für die Kinder war dieses deformierte Leben mit einem alkoholabhängigen Elternteil „normal". Sie kannten nichts anderes."[25] Bevor Sie sich jetzt denken: „bei mir in der Familie gab es keine Alkoholiker, ich bin aus dem Schneider, das ist hier „nur" ein Randgruppenproblem..." So einfach ist es nicht: „ Das Konzept von Abhängigkeit und Kodependenz ist heute nicht mehr auf Alkohol beschränkt, der ganze Bereich des Missbrauchs von Substanzen gehört dazu – sei es Kokain, Marihuana, Tabak oder Heroin, [Tabletten] – und anderes mehr. Dieses „andere" schließt fast jede Form von Zwanghaftigkeit ein, jede Verhaltensweise, die bis zum Exzess getrieben wird. Essstörungen (Magersucht und Bulimie), Sucht nach Sex, Wutanfälle, Arbeitssucht, zwanghaftes Geldausgeben, eine extrem strenge und gesetzliche Lebensweise, [...][Waschzwang, Putzzwang, der Zwang Dinge zu horten ...]- all diese und noch weitere Formen der Sucht werden heute in die gleiche Kategorie eingeordnet wie Alkoholismus.."[26]

Weil sie genauso zum Ergebnis führen, zu Störungen und Deformationen, die sich wie ein roter Faden unheilsstiftend durch das Leben ziehen. Und es ist - betrachtet man die vielfältigen Ursachen - kein Randgruppenproblem, sondern eher eine Seuche.

KAPITEL 17

VERLORENE KINDHEIT

„Alles, was ein Mensch sieht oder hört, hat eine Wirkung auf ihn. Er versucht automatisch, eine sinnvolle Erklärung für das Wahrgenommene zu finden. Wenn es keine Möglichkeit gibt, diese Erklärung zu überprüfen, wird sie [...] zu einer „Tatsache". Die „Tatsache" mag der Realität entsprechen oder nicht, in jedem Fall wird der betreffende Mensch sie seinen Handlungen und Meinungen zugrunde legen."[27]. Von daher ist es wichtig, Ihre Kindheit im Rückblick bewusst zu betrachten und ggf. neu zu bewerten, um falsche „Tatsachen", die sie behindern, abzulegen und durch richtige zu ersetzen. Wenn es Misshandlungen in Ihrer Kindheit gegeben hat, so ist es wichtig, sich damit auseinanderzusetzen, und zu erkennen, welche Überzeugungen und Verhaltensmuster diese bei Ihnen hinterlassen haben. Hier abgekürzt in Anlehnung an „Mut zur Liebe" verschiedene Formen der Misshandlung:

Aktive: körperliche und oder sexuelle, aber auch verbale Gewalt, Schreien, Beschuldigungen, Beleidigungen, aber auch Bevormundung des Kindes

Passive: die Eltern sind so (mit sich) beschäftigt, dass sie dem Kind nicht zur Verfügung stehen z.b. aufgrund eigener Probleme bzw. Arbeitssucht; keine Aufmerksamkeit, Zuneigung, keine Zeit für gemeinsame Unternehmungen, Belange des Kindes interessieren nicht, etc.

Verlassen (Scheidung, Tod, Adoption)

Emotionaler Inzest – Kind wird zum Ersatzpartner, übernimmt Funktionen von Erwachsenen in der Familie (Rollenumkehr)

Unerledigte Geschäfte – das Kind soll die gescheiterten Träume der Eltern ausleben, statt es selbst zu sein / teils auch unbewusst (zeigt sich dann in der Midlife Crisis)

Überstrenge und autoritäre Eltern - das Kind bekommt keinen Raum zum Fragenstellen, geschweige denn die Möglichkeit zum Experimentieren, es muss „funktionieren"

Negative existentielle Botschaften – z.b. „Anstatt das Verhalten eines Kindes zu korrigieren, platzt die Mutter heraus: „Ich wünschte du wärst nie geboren! Du taugst einfach nichts." Das ist nichts anderes als die Hinrichtung der Persönlichkeit des Kindes."[28]

Als Kind sind sie von der Liebe und der Anerkennung Ihrer Eltern abhängig. Die gute Nachricht: jetzt als Erwachsener sind sie es nicht mehr, sie brauchen sie nicht mehr. Ich hoffe Sie erkennen, wie bedeutungsvoll das ist.

Als Kind haben sie aber aufgrund dieser Abhängigkeit alles getan, um sich anzupassen und irgendwie diese Liebe zu bekommen, ganz gleich, was in Ihrem Elternhaus geschah. Und das wiederum führte dazu, wie ich im vorigen Kapitel gezeigt habe, dass Sie unter Umständen um „zu überleben, einen Schutzmechanismus entwickelt haben, der darin bestand „nicht zu sehen" was geschieht" [in „Rozwoj" von Monika und Marcin Gajda], und auch aufgrund Ihrer Erfahrungen „Tatsachen" ausgebildet haben, die keine sind. Siehe z.b. die negative existentielle Botschaft, ein Kind nimmt das ungefiltert als Tatsache auf, wenn Mutti es sagt, dann wird es so stimmen. Sie entwickeln, um die Terminologie der Gajdas aufzugreifen ein „Falsches Ich", welches aus Schutzmechanismen, die in der Kindheit erworben wurden, und das aus ihnen resultierende spezifische emotionale, intellektuelle und soziale Funktionieren bestimmt wird, das mit geringem Selbstwertgefühl einhergeht. Einen ähnlichen Gedanken drückt aus das Konzept der Kodependenz aus, Sie sind ein Konglomerat von Bewältigungsstrategien, die Sie durch Ihre Kindheit „gerettet" haben, aber mit der Realität ihrer Gegenwart stets kollidieren und Probleme erzeugen, immer neue Probleme zu den alten dazu.

Ich finde es immer faszinierend, wenn sich derselbe Gedanke bei mehreren Quellen finden lässt. So lesen wir auch bei Virginia Satir, im Zusammenhang mit Kommunikationsmustern, wo sie vier Reaktionsweisen (Beschwichtiger, Ankläger, Rationalisierer, Ablenker) aufzeigt, die wir schon in der frühen Kindheit erlernen, um uns anzupassen, aber auch um das niedrige Selbstwertgefühl eines Menschen abzupuffern. Sie sagt, es gäbe noch eine andere Weise der Kommunikation, die kongruent ist, wo Denken, Fühlen, Ausdruck und Handlung zusammengeht, wo der Mensch ganz bei sich ist. Und stellt fest: „Die kongruente Reaktionsweise ist jedoch am schwierigsten zu erlernen – allerdings nur deshalb, weil wir sie nicht schon als Kinder erlernt haben."[29]

Und darauf will ich hier hinaus, ganz gleich, ob wir das hier „Falsches Ich", „Kodependenz" oder „fehlende Kongruenz" nennen: wenn Sie als Kind nicht das Glück hatten, liebevoll dabei unterstützt zu werden, Sie selbst zu werden, dann ist das etwas, was Sie jetzt nachholen sollten. Sie sollten sich die Liebe, die Sie brauch(t)en, selbst geben. Und hier meine ich nicht irgendein infantiles „positives Affirmieren" oder „positives Denken" (nützt nix wirklich, gell?), sondern die Reifung zu dem Menschen, der Sie *wirklich* sind, und der sich *wohlwollend*, aber auch *realistisch* betrachtet in seinem Menschsein. Meist machen sich aber Menschen, die dies dringend nachholen sollten, aber selbst so richtig fertig. Warum das so ist, wird uns im nächsten Kapitel beschäftigen, hierbei wird sich uns das Konzept der Kodependenz als hilfreich erweisen.

KAPITEL 18

DIE NATUR VERTRÄGT KEIN VAKUUM

Heute werden wir zwei Dinge näher betrachten: zum einen warum ein Mensch, der es „besser wissen" müsste, in gestörten Beziehungen landet, und zum anderen warum es so schwer ist, damit aufzuhören (kleiner Hinweis ist schon im Titel;)

Das erste Phänomen finden wir ganz klar bei Minirith/Hemfelt/Meier beschrieben, so dass ich hier weitestgehend einfach nur zitiere:

„Bei dem Menschen ist der Heimfindeinstinkt nicht geographisch. Er erstreckt sich ganz und gar auf die weiten Landschaften unseres Geistes. Statt den Ort unserer Geburt und Kindheit körperlich aufzusuchen, versuchen wir, ihn in unserem gegenwärtigen Leben zu rekonstruieren. [In der Beziehung, am Arbeitsplatz im Vorgesetzter/Untergebener-Verhältnis, usf.] [...] Wir holen unser Zuhause zu uns. Wir alle haben ein Urbedürfnis, unsere vertraute, ursprüngliche Familiensituation neu erstehen zu lassen, *selbst wenn diese vertraute Situation destruktiv und schmerzhaft ist*. Das ist eine der verblüffendsten Tatsachen, mit denen sich ein Kodependenter auseinandersetzen muss."[30]

Hinzu kommt eine Denkungsart, die kindlich ist, und die die Autoren als „magisches Denken" bezeichnen, es ist jjenes Gefühl der Verantwortung für das, was geschieht. [Sie erinnern sich, das Kind bezieht alles! auf sich, es hat keinen anderen Referenzrahmen.]Das Kind denkt: „ ,*Wenn ich mich so und so verhalte, wird das und das geschehen. Wenn ich vollkommen bin, wird Mutti mich liebhaben.* [...] Wenn ich nicht so eine Nervensäge wäre, würde Papa nicht soviel trinken / sich von Mutti scheiden lassen.* '"[31] Das hat noch zusätzlich eine hässliche Kehrseite: „ ,Wenn nicht alles gut wird, dann ist das mein Fehler, weil ich mich nicht genug bemüht habe.'[32] „ Mit diesem magischen Denken gehen Schuldgefühle einher. [Falsche!!] Schuldgefühle und magisches Denken verstärken sich gegenseitig."[33] Daraus ergibt sich ein Zwang zur Wiederholung, der wie ich denke, selten bewusst, aber umso mächtiger ist. In „Mut zur Liebe" lesen wir:

„1)   *Wenn die ursprüngliche Situation wieder heraufbeschworen werden kann, kann ich sie dieses Mal reparieren. Ich kann den Schmerz heilen. Ich weiß, dass ich es kann!* Magisches Denken. [...]

2)   Weil *ich für diese verkorkste Ursprungsfamilie verantwortlich war, muss ich bestraft werden. Ich verdiene den Schmerz.* [Schuldtrip]

3)   *Schließlich ist da noch die Sehnsucht nach dem Vertrauten, nach Geborgenheit.* In Wirklichkeit gab es in der Ursprungsfamilie vielleicht gar keine Geborgenheit, aber sie war die Zuflucht der Kindheit – die einzige Geborgenheit, die der kleine Mensch kannte. Mehr noch als ein gesunder Erwachsener sucht der Kodependente seine Zuflucht im Vertrauten."[34]

Es kann dazu führen, dass „neben dem verborgenen Wunsch, für die eingebildete Schuld zu büßen, ein Kodependenter auch nach emotionalem Schmerz süchtig sein kann. Wie trübselig es auch sein mag, zumindest ist es das Zuhause. Es ist vertraut. Es ist auf schmerzhafte Weise bequem. Bringen Sie den Heimfindeinstinkt mit magischem Denken und Schuldgefühlen in Verbindung, und Sie begreifen, warum erwachsene Kinder aus gestörten Familien fast immer in gestörten Beziehungen landen. So schmerzhaft, unglücklich, ja lebensbedrohlich diese Beziehung auch sein mag, immerhin ist sie vertraut. Deshalb landen Kodependente so häufig in genau der Art von Beziehung, von der sie sich einmal schworen, sie niemals zu tolerieren."[35]

Was auch schon erklärt, warum das so schwer ist damit aufzuhören. Sie sind voll von dieser Scheiße und fühlen sich von Scheiße auch noch unbewusst magisch angezogen. Das ist aber nur ein Teil des Problems, haben Sie denn nicht auch schon öfter „abgeschworen"? Gesagt, „nie", „nie wieder werde ich" und dann genau nie nochmal gemacht? Also, es wurde ihnen bewusst, Sie entschlossen sich in einem Willensakt es nie wieder so zu tun, und taten mit schlafwandlerischer Sicherheit wie gehabt, und kasteiten sich gegebenenfalls noch kräftig für ihr Scheitern?

Und hier tritt der Spruch von Aristoteles auf: „Die Natur verabscheut das Vakuum." Was hätte denn an die Stelle von der Scheiße denn treten sollen? Welches Rüstzeug hatten Sie diese Leere zu füllen? Was, von dem was Sie je über sich oder das Leben gelernt und praktiziert haben, hätte Ihnen dabei genützt oder geholfen? War es nicht eher so, dass trotz allem Bemühen Ihre Gefühle sie schön zurückgeführt haben, dahin da wo Sie hergekommen sind?

Sie erinnern sich vielleicht an den Spruch von Virginia Satir, die Krux mit der kongruenten Verhaltensweise ist die, dass wir sie als Kinder nicht lernen. Wir haben nur das Repertoire aus unserer Kindheit. Und wenn die gelinde gesagt nicht hilfreich war, wie sollte Ihnen, das was Sie da gelernt haben, durchs Leben helfen?

Gar nicht. Genau. Das ist schade, traurig, bedauerlich aber auch zu ändern. Im Paulusbrief lesen wir:

„Als ich ein Kind war, / redete ich wie ein Kind, / dachte wie ein Kind / und urteilte wie ein Kind. Als ich ein Mann wurde, / legte ich ab, was Kind an mir war."

Wenn Sie nicht das Glück hatten, in Ihrer Kindheit auf das Leben als glücklicher Erwachsener gut vorbereitet zu werden, so müssen Sie das jetzt nachholen. Sie müssen vieles, unter Umständen alles, neu lernen. Das ist nichts, wofür man sich selbst zusätzlich noch bestrafen oder schimpfen muss, oder sich als Fehler auslegen muss. Nichts von alledem, was war, konnten Sie sich wirklich aussuchen. Wenn Sie es jetzt erneut angehen, werden Sie natürlich Rückschläge erleben, und auf die Nase dabei fallen, und ich verspreche Ihnen es wird nicht leicht... aber:

„[Karen Adolph zählte in Ihrer Untersuchung „Wie Kinder gehen lernen",] wie oft die Kinder hinfielen, wie viele Schritte sie machten und welche Entfernung sie dabei zurücklegten. Und die Ergebnisse geben erstmals einen genauen Hinweis darauf, wie mühsam es eigentlich ist, gehen zu lernen.

Im Schnitt kam jedes Kind auf 2368 Schritte pro Stunde. Dabei legte es eine Strecke von 700 Metern zurück, immerhin die Länge von etwa sieben Fußballfeldern. Und im Schnitt fiel es 17 Mal pro Stunde hin. Geht man nun davon aus, dass ein Kind etwa sechs Stunden lang wach ist, macht es jeden Tag 14.000 Schritte und fällt dabei etwa 100 Mal hin."[36]
Stellen Sie sich jetzt vor, Sie wären als Kind nach dem 3 Versuch sitzen geblieben. Der Trick ist, nicht aufzugeben, auch wenn es mühsam wird.

Und ich hoffe der Blog verleiht Ihnen Siebenmeilenstiefel ;)

KAPITEL 19

EMOTION UND ERKENNTNIS

Es muss also ein neues MS DOS her. Aber wie? Wenn das eh alles der Verdrängung unterliegt, wie erkenne ich, wo ich ansetzen soll? „Im Grunde genommen ist die Verdrängung die „Mutter aller Schutzstrategien", weil letztlich der gesamte Selbstschutz darauf hinausläuft, die Dinge zu verdrängen, die wir nicht spüren beziehungsweise die wir nicht wahrhaben wollen. Alle weiteren Schutzstrategien wie Macht- und Perfektionsstreben, Harmoniestreben oder das Helfersyndrom stehen letztlich im Dienste der Verdrängung. Wenn ich jedoch meine Probleme verdränge, dann kann ich sie nicht bearbeiten."[37] Wir müssen frei von der Wahrnehmungsverzerrung, die der Verdrängung und der Projektion inhärent ist, sehen lernen. Das ist nicht leicht, ganz im Gegenteil, es ist sehr schmerzhaft, unrühmlich, und lässt und klein und mit runtergelassener Hose schutzlos dastehen. Erst mal zumindest. Kein Wunder, dass es sehr viele Menschen gibt, die Selbsterkenntnis um jeden Preis vermeiden wollen, auch wenn der Preis sehr hoch ist.

Hier ein Beispiel, wie sich das Ganze sonst dreht, zitiert nach Stefanie Stahl: „ So meint das Schattenkind [verletztes „inneres Kind"] von Petra beispielsweise, dass es schlecht wäre, und keiner es lieb haben könnte. Diese gefühlte Minderwertigkeit ist für Petra jedoch schwer zu ertragen, und sie muss deswegen abgewehrt werden. Hierdurch ist sie jedoch keiner Verarbeitung zugänglich. Nun stellen wir uns vor, dass Petra auf Julia trifft, die sie als besser und stärker wahrnimmt. Automatisch, aber unterbewusst, nimmt Petra nun an, dass Julia auf sie herabschauen oder sie ablehnen wird. Sie nimmt sich also per se als das potenzielle Opfer von Julia wahr. Auch dieser innere Vorgang wird jedoch nicht von Petra reflektiert. Stattdessen nehmen ihr Schattenkind und ihr innerer Erwachsener gemeinsam einen kleinen Psychotrick vor: Sie befinden, dass Julia nicht vertrauenswürdig und unsympathisch ist. Sie lehnen Julia ab. Die eigene gefühlte Unzulänglichkeit wird also von Petra in eine vermeintliche Feindseligkeit ihres scheinbar stärkeren Gegenübers projiziert. Menschen, die wie Petra eine hohe Neigung aufweisen, schmerzhafte Selbsterkenntnis möglichst von ihrem Bewusstsein fernzuhalten, sind sehr anfällig, ihre eigenen unliebsamen Gefühle auf andere Menschen zu projizieren. [...] So werden auch Schuldgefühle gern auf diese Weise abgewehrt. Man will sich nicht eingestehen, dass man Mist gebaut hat, und projiziert die Schuld deswegen auf einen Sündenbock. [...] Mit diesen Menschen ist es auch schwierig, oft unmöglich, ein konstruktives Problemgespräch zu führen. Durch ihre hartnäckige Weigerung zur Selbstreflexion steht man auf verlorenem Posten. [...] Manchmal ist die einzig sinnvolle Lösung tatsächlich die Lösung von diesem Menschen, also den Kontakt abzubrechen oder, wenn dies nicht möglich ist, sich innerlich abzugrenzen."[38]

Wie ich gesagt habe, der Preis für die Verdrängung ist sehr hoch, denn wie wir in dem Beispiel gesehen haben, macht es weder Spaß Petra zu sein, noch mit ihr zu tun zu haben (hier erinnern wir und an den Titel des Blogs;). Wie können wir für uns erkennen ob wir verdrängen? Hierzu können uns die sonst als „Beinsteller der Nation" bekannten

Emotionen nützlich sein, denn wir haben sie, ob es uns passt oder nicht, so sehr wir „an ihnen auch arbeiten", oder sie schlicht unterdrücken wollen. Wodurch dann solche Kunstblüten wie oben beschrieben entstehen. Sie sind da. So oder so.

Die Kunst ist „mit" ihnen zu arbeiten, denn unsere Emotionen verbinden uns nicht nur mit der Außenwelt, sondern auch (und das ist sehr wichtig!) mit unserer Innenwelt. Die Emotionen können uns sehr viel über unsere Schutzmechanismen sagen. Wir sollten jedoch die Bereitschaft, sie anzuhören und ihre Sprache zu verstehen, mitbringen. Und das ist schon das nächste Blogthema.

KAPITEL 20

ARBEIT MIT EMOTIONEN

Oder kurzum Arbeit an sich, nur dass Sie erst im richtigen Umgang mit den eher „schwierigen" Emotionen sehen und erkennen müssen, woran es an sich zu arbeiten gilt. Denn es sind genau die schwierigen, starken Gefühle, die in Schlüsselmomenten der (möglichen) persönlichen Entwicklung auftauchen. Hierbei werden mehrere Dinge von Nöten sein, zum einen Selbst-Mitgefühl (self compassion – nicht Selbstmitleid!), da Sie Emotionen an sich ranlassen müssen um sie erkennen und die tiefere Bedeutung verstehen können, das setzt aber voraus, dass Sie sich damit wohlwollend selbst annehmen können, zum anderen aber auch Demut. Denn es ist wichtig, dass wir die Illusion verabscheiden „[...], als ob wir unser Leben lang mit einer weißen Weste herumlaufen könnten."[39] So formuliert es Anselm Grün, und Gajdas packen noch einen drauf: „Introspektion ist in der Regel unangenehm. Und gerade zu Anfang sehr unangenehm."[40] Ganz besonders in dem Moment, wo Sie anfangen werden, Ihre Schutzmechanismen aufzugeben, und die Wahrheit über sich zu erkennen. „Die Demontage der Schutzmechanismen wird innere Unruhe hervorrufen, da Stellen aufgedeckt werden, an denen wir verletzt wurden. Und mit Sicherheit kann gesagt werden, dass die erste und wichtigste emotionale Reaktion, die das Erkennen der Wahrheit über sich begleitet - Angst ist - mit welcher manchmal auch Trauer und/ oder Zorn auftaucht. Das FALSCHE ICH wehrt sich, so gut es kann. Der Mensch will nicht wissen, nicht hören und nicht verstehen, er verdrängt etwas, das für einen Außenstehenden vollkommen offensichtlich ist, der Mensch verortet die Probleme außerhalb seiner selbst, und will eher die ganze Welt verändern, als sich mit seinen Schwierigkeiten zu messen."[41] Ein solcher Mensch, der sich nicht von seinen Emotionen distanzieren kann und seine Gefühle nicht verstehen will, lebt nur „auf dem Gefühl", also emotionsgetrieben und nicht nach seiner freien Entscheidung. Eine Veränderung ist so nicht möglich, ein persönliches Wachstum auch nicht, man dreht sich im Kreis.

Deswegen ist es manchmal hilfreich, einen vertrauenswürdigen Außenstehenden hinzuzuziehen, der Ihnen hilft, genau auf die Dinge zu schauen, denen Sie ausweichen, denn er unterliegt nicht Ihren Verdrängungsmechanismen, und kann Sie in schwierigen Momenten unterstützen, bei sich selbst zu bleiben, und genau da hin zu sehen, wohin Sie gerade nicht schauen möchten. Es geht also nicht darum, sich bei Ihrer Freundin bei einem Kaffee ausführlich zu beklagen, damit Sie sich „besser fühlen", sondern darum, mit einem Menschen zu sprechen, der selbst emotional integriert ist und gegenüber Ihrem Problem eine sachliche Distanz aufweist, und der nicht zögern würde, Ihnen etwas für Sie zunächst Schwieriges zu sagen, wenn es Ihrem Wohlergehen und Ihrer Entwicklung nützt. Aufgrund von Verstrickung und eigenen Abhängigkeiten sind Familienmitglieder und Freunde deswegen nicht immer hilfreich als Berater. Aber keine Sorge, die Arbeit an sich müssen Sie trotzdem selbst machen. Wie arbeite ich also „mit" dem Gefühl?

Wenn Sie sich mit einem schwierigen Gefühl unmittelbar konfrontiert sehen, empfehlen Gajdas[42] die folgenden Schritte:

nicht handeln – impulsive Handlungen lösen in der Regel das Problem nicht, sie vergrößern es

nicht reden – „aktives Schweigen" beobachten Sie was passiert und in Ihnen vorgeht, so können Sie mehr und tiefer sehen, suchen Sie nicht gleich nach Lösungen

Benennen – hier wichtig – schriftlich – unterstützt die Distanzierung, und steigert die Klarheit, Sie sehen dann buchstäblich was Sie denken. Bennen Sie die einzelnen Gefühle, in welchem Kontext sie auftraten, und wie Sie sich verhalten hätten, wenn Sie Ihrem Gefühl unmittelbar gefolgt wären.

Aussprechen – idealerweise vor einer geeigneten Person. Im Gespräch konzentrieren Sie sich vorranging darauf, was das Gefühl über Sie selbst sagt, und nicht auf die das Gefühl auslösenden Umstände.

Handeln (?) – erst dann stellen Sie sich die Frage, ob Sie aktiv werden müssen oder Entscheidungen treffen müssen, hier beginnt die eigentliche Arbeit mit dem Gefühl. Wie Sie merken, geschieht Sie nicht unmittelbar gegenüber den Menschen oder Ereignissen, auf die Sie emotional reagiert haben. Diese sind nur Indikatoren für ein in Ihnen befindliches Problem. Das bedeutet natürlich nicht, dass Sie sich mit Freuden alles von anderen gefallen lassen sollen, aber hier geht es jetzt *nur um Sie, um Ihren Anteil.* Der wird uns hier noch weiter beschäftigen. Wie Sie gegenüber Menschen, die offensichtlich über die Stränge schlagen, Grenzen setzen und Erwartungen an diese herantragen, habe ich in diesem Blog schon ausführlich behandelt.

KAPITEL 21

EMOTIONEN IM GRIFF? ODER IM GRIFF DER EMOTIONEN?

Wenn Sie sich beim Lesen des letzten Kapitels dachten: „Wovon redet die da? Man soll angesichts schwieriger Emotionen nicht handeln, nicht reden und dafür diese mit innerem Abstand beobachten? Wie soll denn das funktionieren?" Dann treffen wahrscheinlich zwei Dinge zu: Sie erleben Emotionen als unkontrollierbar und Sie haben bisher keinen konstruktiven Umgang mit Emotionen gelernt. Sie haben eher die Erfahrung gemacht, dass Gefühle einfach über Sie kommen, und sie diese nicht beeinflussen können, sondern ihnen hilflos ausgeliefert sind, bzw. dass Ihr Bemühen, auf Ihre Gefühle Einfluss zu nehmen, diese noch verschlimmert. Auch hierfür liegen die Wurzeln in der Kindheit. Wenn Sie von Ihren Eltern in für Sie schwierigen Situationen nicht „emotional abgeholt" wurden, und darin unterstützt wurden, Ihre Emotionen zu benennen und zu verstehen und Lösungen zu entwickeln, dann fehlen Ihnen jetzt diese Kompetenzen. Meist kommt leider noch mehr dazu: „ In einem solchen Fall kann das Kind jedoch versuchen, über die Beobachtung nahe stehender Personen diese Strategien zu erwerben. Die Möglichkeiten des Modelllernens bestehen allerdings nur in dem Umfang, in dem die Bezugspersonen über effektive Emotionsregulationskompetenzen verfügen. In einer Familie, in der die Eltern selbst keine guten Emotionsregulationskompetenzen besitzen, in der die Mutter bei jeder Enttäuschung depressiv wird und der Vater bei jedem Ärger zur Flasche greift, wird es für das Kind schwer sein, diese Strategien von seinen Eltern zu lernen. Wenn das Kind dann weiter mit dem ihm angeborenen Reaktionsrepertoire auf negative Gefühle reagiert (z.b. Weinen, Schreien, Wutausbrüchen), kann es zu einer beträchtlichen Stressquelle für die Bezugspersonen werden. Vor allem dann, wenn diese selbst ihre Emotionen nicht regulieren können, besteht die Gefahr, dass sie in diesen Situationen dem Kind mit Abwertung und Aggression begegnen („Du Schreihals", „Du Heulsuse" „Du kleiner Teufel"). *Durch die häufige Kombination von* negativen Emotionen einerseits und dem Erleben von verbaler und/ oder nonverbaler Abwertung bzw. körperlichen und/oder verbalen Angriffen andererseits wird beim Kind ein mit negativen Emotionen assoziiertes negatives Selbstbild aufgebaut. Wenn das Kind dann zukünftig negative Emotionen erlebt, werden diese das negative Selbstbild „triggern". Dadurch kommt es zu einer zusätzlichen Bedrohung des Bedürfnisses nach Selbstwerterhöhung, wodurch die Inkongruenz weiter erhöht wird. Damit einher geht die Aktivierung zusätzlicher belastender Gefühle, wie z.B. Angst vor Reaktionen anderer, Schuld oder Scham. Diese „sekundären" Gefühle erschweren dann zusätzlich den konstruktiven Umgang mit den „primären" problematischen Stressreaktionen, oder Gefühlen und untergraben emotionsbezogene Selbstwirksamkeitserwartungen".[43] Berking schreibt, dass so ein wahrer Teufelskreis entsteht, bei dem das „Gefühl von Kontrollverlust Angst [auslöst und] Vermeidungsschemata aktiviert," wie z.b. [hier von Berking entlehnt:] Situationsvermeidung (kein Wachstum möglich), Verdrängung (Suppression von Gefühlen, die quellen anschließend umso stärker raus), sowie die Aktivierung mentaler Prozesse, die ablenken und/ oder Kontrolle suggerieren und/ oder die Stimmung kurzfristig „reparieren" sollen (hierzu zählt die ganze Palette von z.B Somatisierung als Ablenkung, sich Sorgen machen, Rumination um Kontrolle zu suggerieren, Essanfälle, Substanzmissbrauch, Zwangsverhalten) wodurch ein konstruktiver Umgang mit Emotionen gänzlich unmöglich wird, und der Teufelskreis sich verfestigt.[44]

Soviel zur Genese des Problems. Leider holt uns dieses Problem genau dann ein, wenn wir im Erwachsenenleben mit „Ereignissen konfrontiert werden, die mit massiven Bedrohungen und/oder Verletzungen unserer Ziele und Bedürfnisse einhergehen." [45] Ich würde noch ergänzen: oder mit Ereignissen, die wir zumindest als so schwerwiegend empfinden. Solche Ereignisse lösen nämlich sehr starke negative Emotionen aus.

Generell ist daran erst mal nichts falsch, denn die Emotionen haben eine Warnfunktion, sie sollen uns aufzeigen, dass wir bedroht sind. Entsprechend transitorisch sind diese Emotionen aufgrund ihrer

Funktion eigentlich auch, es sei denn... ja genau, wir haben nicht gelernt, konstruktiv mit ihnen umzugehen. Dann kommt es zum „Erleben von Orientierungslosigkeit und Kontrollverlust und zur Ausschüttung von Stresshormonen [... wobei] bei einer zu hohen psychophysiologischen Erregung die kognitiv gesteuerte Selbstregulation erschwert ist." [46] Oder gar unmöglich (wir denken jetzt an Mord im Affekt).

Da unsere modernen Bedrohungen nicht mehr die Unmittelbarkeit des Säbelzahntigers besitzen, und meist sehr Abstrakt in unseren Köpfen sind, ist es für uns ein „Leichtes", die negativen Emotionen nicht abebben zu lassen. Ärger, der Sie darauf hinweist, dass z.B. jemand Ihre Grenzen überschritten hat, ist wünschenswert. Aber: „In dem Moment, in dem Sie aktiv werden, hat Ihr Ärger die Aufgabe erfüllt. Ärger ist schädlich, wenn Sie nicht gleichzeitig etwas gegen das „Ärgernis" unternehmen. Sie sind innerlich voller Aufruhr und versuchen, den Ärger nach außen zu verstecken. Sie schlucken ihn hinunter, ohne etwas an sich oder der Situation zu verändern."[47] Sehr schön drückt es auch Krishnamurti aus: „Probleme existieren nur in der Zeit, nämlich dann, wenn wir einer Sache unzureichend begegnen."[48] Wir konservieren quasi die Emotionen und bleiben im permanenten Alarmzustand, der Teufelskreis dreht sich fröhlich weiter.

Nun gut, mögen Sie jetzt sagen, ok, ich habe es nicht anders gelernt, es hat sich ziemlich verfestigt, so dass ein automatisches emotionales Programm abläuft. Wie kann ich denn meine Emotionen verändern? Hierzu Berking: „ Patienten sollten wissen, dass Emotionen nicht direkt mit dem Willen gesteuert werden können, aber dadurch beeinflussbar sind, dass man die auslösenden und aufrechterhaltenden Faktoren (Wahrnehmungen, Gedanken, Ziele etc.) identifiziert und diese gezielt verändert. Neben diesen relativ konkreten emotionsbezogenen Einstellungen gilt es, hilfreiche selbstbezogene Einstellungen aufzubauen und zu stärken."[49] Ansetzen können wir nur beim Denken. Bei Ihrem MS DOS [siehe Kapitel 16 und 17].

Denn, und das ist ganz wichtig: JEDE BEWERTUNG, VON DER SIE! ÜBERZEUGT! SIND!, LÖST IN IHREM KÖRPER EINE POSITIVE, NEGATIVE ODER NEUTRALE GEFÜHLSREAKTION AUS. Und es sind Ihre eigenen, tiefsitzenden Überzeugungen, Selbstbewertungen, Annahmen und Glaubenssätze, die die Emotionen in Ihnen erzeugen. Auf Glaubenssätze gehe ich im nächsten Blogtext ausführlich ein. Vorweg sei gesagt: Kein Gefühl ohne Gedanke (auch wenn diese unbewusst ablaufen, Sie merken es dann am negativen Gefühl, das Sie haben, und sollten dann bewusst auf Ihre Gedanken achten). Da gibt es bei den Gajdas einen schönen Ausspruch: „Gedanken sind wie Schafe. Sie sollten nicht unbeaufsichtigt grasen."[50]

Wenn Sie bisher das Verhalten anderer, die Umstände oder definitiv äußere Einflüsse für Ihre Emotionen verantwortlich gemacht haben, dann wird es für Sie voraussichtlich schwierig sein, vom folgenden Satz überzeugt zu sein: „Nicht die Dinge beunruhigen die Menschen, sondern ihre Meinung über die Dinge." Ja genau, das ist von den Stoikern. Wenn Sie das lediglich für einen Spruch von der Lebenswirklichkeit enthobenen Spinnern halten, dann habe ich schlechte Nachrichten für Sie: dann wird sich nichts ändern. Denn „Tatsachen und Ereignisse sind im Hinblick auf Ihre Gefühle nicht so wichtig wie Ihre Einstellungen und Bewertungen [und Erwartungen]."[51] Dann bleiben Sie auch Marionette in den Händen der anderen. Denn die Verantwortung für Ihre Gefühle liegt dann nicht bei Ihnen. Es ist zudem zum einen Gewohnheit, zum anderen auch bequemer, diese den Anderen aufzudrücken oder den Umständen zuzuschieben. Der Preis ist dann wie folgt: „Sie haben keine Wahl, ob Sie ruhig oder erregt sein wollen. Sie müssen so reagieren, wie es Ihnen Ihr altes, in der Kindheit erlerntes Programm vorschreibt."[52] Sie bleiben „Opfer" der anderen oder der Umstände.

Ich habe eben Erwartungen angesprochen: der einfachste Weg, sich im Umgang mit anderen Menschen unglücklich zu machen, ist zu erwarten!, dass sich andere Menschen Ihnen gegenüber stets höflich, wertschätzend, fair und rücksichtsvoll verhalten, sich an die Gesetze halten und Ihnen die Vorfahrt nicht nehmen... schöner Gedanke, auch wenn Sie sich selbst daran halten, Sie haben keine Garantie.

Anthony de Mello (mein Lieblingsdenker;) bringt es wunderbar auf den Punkt:

„Das Einzige, was Sie tun müssen, ist verstehen. Denken Sie an jemanden, mit dem Sie leben oder arbeiten, und den Sie nicht mögen, der bei Ihnen negative Gefühle weckt. Ich will versuchen, Ihnen verständlich zu machen, was hier vor sich geht. Das Erste, was Sie verstehen müssen, ist dass das negative Gefühl in Ihnen ist. Sie selbst sind dafür verantwortlich und niemand sonst. Ein anderer wäre in Gegenwart dieses Menschen völlig ruhig und gelöst; er wäre ihm gleichgültig. Ihnen aber nicht. Dann müssen Sie noch etwas anderes einsehen, nämlich, dass Sie Ansprüche erheben. Sie haben eine bestimmte Erwartung an diese Person. Verstehen Sie das? Dann sagen Sie dem oder der Betreffenden: „ Ich habe kein Recht, irgendeinen Anspruch an dich zu stellen." Wenn Sie das sagen, werden Sie Ihre Erwartung aufgeben. „Ich habe kein Recht, einen Anspruch an dich zu stellen. Ja, ich werde mich schon vor den Folgen deines Tuns, deiner Stimmungen oder was auch immer zu schützen wissen, aber du sei nur, was du sein möchtest."[53] Und Wolf und Merkle fassen diesen Gedanken so zusammen: „ Sie haben sich aus der Falle befreit. Die Falle bestand darin, dass Sie glaubten, nur zwei Wahlmöglichkeiten zu haben: entweder die anderen zu ändern oder für immer ärgerlich zu sein. Doch Sie haben eine dritte Möglichkeit: den anderen die Erlaubnis geben, so zu sein. Die anderen verhalten sich wie immer, und Sie fühlen sich dennoch befreit und ruhig. Nutzen Sie diese Freiheit!"[54]

Ihnen kommt das sehr gezwungen und um die Ecke gedacht vor? Das ist dann Ihre Denkgewohnheit, die sich Ihnen in den Weg stellt.

„Ganz gleich, ob Sie denken Sie können etwas oder Sie können es nicht, Sie haben recht." Henry Ford

Denken Sie darüber nach.

KAPITEL 22

SCHEISSE IM KOPF?

Wir sind es nicht gewohnt, unser Denken in Frage zu stellen, und größtenteils ist es auch richtig so, denn würden wir z.b. beim Autofahren alles hinterfragen, dann würden wir voraussichtlich weder losfahren, geschweige denn irgendwo ankommen - also sind gewisse Automatismen bei der Bewältigung des Alltags sicherlich von Vorteil. Aber um bei dem Beispiel Autofahren zu bleiben, es gibt auch Automatismen, die belastend sind. Nehmen wir den Klassiker: Sie haben einen wichtigen Termin, sind völlig unter Zeitdruck, weil ihre Kinder am Morgen für alles seeehr lange gebraucht haben, und vor Ihnen fährt der langsamste Autofahrer der Welt... Mal ehrlich, wie lange braucht es, bis Frust an Ihnen nagt, und wie lange, bis Sie sich ärgern, und wie lange eigentlich noch, bis Sie so richtig wütend sind, und sich über den Fahrer vor Ihnen ungehemmt aufregen? Ja aber, werden Sie jetzt vielleicht sagen, es ist verständlich, dass man sich so fühlt, es überkommt einen, angesichts der Ereignisse... Also, was hat das alles mit unserem Denken zu tun?

Wir haben hier doch ein auslösendes Ereignis, und die darauffolgende emotionale Reaktion. Dazwischen liegt jedoch der wesentliche Schritt, und die Krux ist, dass er für unser Bewusstsein kaum noch wahrnehmbar ist, weil er, meist durch jahrelanges Training, „automatisiert" wurde. Nennen wir ihn das Selbstgespräch. Und das hat sehr wohl mit unserem Denken zu tun. Die Reihenfolge wäre demnach:

A. Das auslösende Ereignis
B. Das Selbstgespräch – das was Sie innerlich zu sich selbst über das Ereignis sagen
C. Ist folglich dann die emotionale Reaktion auf Ihr Selbstgespräch

A kann ohne B C nicht auslösen. Im Klartext: Kein Gefühl ohne Gedanke.

Hierzu würde ich gerne eine kleine Übung mit Ihnen machen, die ist ganz einfach. Schließen Sie bitte die Augen, und erinnern Sie sich an etwas Schönes, das Ihnen widerfahren ist: der letzte Urlaub, die Geburt des Kindes, was auch immer Ihnen viel Freude bereitet hat. Spüren Sie bitte dem Gefühl nach, das dabei entsteht... Umgekehrt funktioniert es leider genauso. Und, es macht für unser Gehirn wenig Unterschied, ob wir etwas gerade erleben, uns erinnern, oder uns etwas bloß vorstellen. Die Emotionen setzten unweigerlich ein.

Aber, wenn es so ist, dass Gefühle nicht ohne Gedanken entstehen, wieso bekommen wir von den Gedanken so wenig mit? Warum können uns bestimmte Ereignisse aus der Bahn werfen, die andere völlig kalt lassen, und umgekehrt? Warum können wir scheinbar nicht anders, als von unseren Gefühlen überwältigt zu werden?

Ein Beispiel: stellen Sie sich vor, Sie stehen nach Feierabend im Supermarkt in der Schlange an der Kasse. Es ging schon die ganze Zeit schleppend voran, und nun packt die Frau vor Ihnen ganz langsam ihr Zeug aufs Band. Da ihre Kinder quengeln, diskutiert sie mit ihnen den Einkauf irgendwelcher Süßigkeiten, die dann in letzter Minute geholt werden. Zwischenzeitlich stellt sich raus, dass sie vergessen hat, ihr Obst abzuwiegen, so dass die Kassiererin extra nachwiegen gehen muss. Als sei das nicht genug, fängt die Frau beim Bezahlen an, ihr gesamtes Kleingeld hervorzukramen...

Wenn diese Situation Sie ärgerlich und wütend werden lässt, werden Sie einiges an Beherrschung aufbringen müssen, um Ihr Selbstgespräch bewusst wahrnehmen zu können. Vordergründig wird es wohl so klingen:

„Kann das hier nicht schneller gehen? Ich will einfach nur nach Hause", „ Die hat ja ihre Kinder überhaupt nicht im Griff", „ Kann die denn gar nichts richtig machen?", „Merkt die nicht, dass die hier alle aufhält, oder ist die einfach nur blöd?", „ Die geht mir total auf die Nerven."

Und Sie werden wütend. Vielleicht ist Ihnen aufgefallen, dass ich eben betont habe, dass Sie vordergründig diese Gedanken haben werden.

Dass Sie Gedanken dieser Art überhaupt haben, und eine entsprechende emotionale Reaktion einsetzt, liegt daran, dass die Situation, in der Sie sich befinden, an von Ihnen ganz tief verinnerlichten Überzeugungen rührt. Welche allgemeingültigen Überzeugungen können wir aus unserem Beispiel herleiten?

- Alles muss nach meinen Vorstellungen gehen, damit ich glücklich sein kann.
- Ich und alle anderen sollten vollkommen sein.
- Das Leben sollte fair sein.
- Mein Unglücklichsein ist von außen verursacht.

Was sind Glaubenssätze?

Diese tief verinnerlichten, nicht hinterfragen Überzeugungen, nennt man auch Glaubenssätze, und ihnen ist gemeinsam, dass sie fast immer in Form eines unbewussten inneren Monologes wirken. Mittels dieser Glaubenssätze ordnen wir unsere Welt in Bezug auf Ursachen, Bedeutungen und unsere Identität. Sie werden an uns von den Eltern, Erziehern, Respektpersonen und Vorbildern im Kindesalter weitergegeben. Dabei entstehen ganze Glaubenskonstrukte, wie die Welt, wir und die anderen sind, bzw. zu sein haben. Ich denke das wurde an dem Beispiel Supermarktkasse deutlich. Manche Glaubenssätze etablieren wir aufgrund unserer bisherigen Lebenserfahrung auch selbst. So wird eine Frau, die fast ausschließlich negative Erfahrungen mit Männern gemacht hat, die folgenden generalisierten Glaubenssätze entwickeln: „Alle Männer sind schlecht", und vielleicht auch „Zu Lieben ist schmerzhaft" oder gar: „Ich verdiene es nicht, geliebt zu werden."

Und hier liegt das Problem mit den Glaubenssätzen. Unser eigenes Denken kann wirklich unser schlimmster Feind sein. Unsere Glaubenssätze können rational und hilfreich sein, und uns glücklich durch das Leben bringen, oder eben uns hindern, einschränken und unglücklich machen. Da sie, wie wir gesehen haben, im Hintergrund wirken, könnte der Eindruck entstehen, wir sind ihnen ausgeliefert. Und tatsächlich, am ehesten merken wir ihre Auswirkungen. Es ist von daher wichtig, unsere Reaktionen und Gedanken gezielt zu hinterfragen, um den Glaubenssätzen auf die Spur zu kommen. Wenn Sie z.B. gerade eine Präsentation vergeigt haben, und daraus eine Sache der Selbstachtung machen, und nur noch in Kategorien „Ich bin ein Idiot" von sich denken, werden Sie beim Hinterfragen entdecken, dass sie Fehler unverzeihlich finden. Dahinter steht der Glaubenssatz „Ich muss perfekt sein". Ein Evergreen unter den Unglücklichmachern.

Die Glaubenssätze sind das „B" in unserem ABC Schema. Sie bestimmen die Art des inneren Selbstgespräches das wir führen, und dieses ist entscheidend dafür, wie wir uns dann in einer konkreten Situation fühlen. Jetzt wo wir wissen, was sich hinter B verbirgt, können wir daran gehen, B zu verändern, also das Denken bei B zu unserem Freund zu machen.Und das heißt, unsere Glaubenssätze kritisch zu hinterfragen, und ggf. durch hilfreiche und tragfähige neue Glaubenssätze zu ersetzten. Nehmen wir den Glaubenssatz: „Ich muss perfekt sein." 100 % einer Idealvorstellung in der Realität zu bedienen, ist unmöglich und unmenschlich obendrein. Denn es ist ein Garant, niemals mit sich zufrieden sein zu können. Denn wenn Sie tatsächlich das schaffen, was Sie sich vorgenommen haben, dann hätte es theoretisch noch mehr und noch besser sein können...Damit haben wir auch einen Maßstab für die Beurteilung von Glaubenssätzen - ob sie hinderlich oder hilfreich sind. Er liegt in der Beobachtung der Konsequenzen, die sie für uns haben, wenn wir weiter daran festhalten.

Wenn wir also statt mit „Ich muss perfekt sein" mit „Kein Mensch ist vollkommen – ja, auch ich nicht!" durchs Leben gehen, heißt das nicht, dass wir nicht an uns arbeiten können. Es wird dadurch aber erst möglich, mal loszulassen und zufrieden sein zu können. Es fällt viel Druck weg, wenn das Leben nicht als eine immerwährende Prüfung empfunden wird. Es gibt mehrere Möglichkeiten, Glaubenssätze zu hinterfragen:

Zum einen wäre da die Geschichte des Glaubenssatzes: Woher kenne ich das? Wer hat das immer gesagt? Wer hat es mir vorgelebt?

Dann die Ausformulierung des Glaubenssatzes: nehmen wir als Beispiel: „ Alle müssen mich mögen.":

Wirklich alle? Gilt das immer und absolut? Könnte ich stattdessen etwas anderes brauchen? Ein weiterer Ansatz ist zu fragen, was wird durch diesen Glaubenssatz für mich erreicht, die sog. „Positive Absicht" hinter dem Glaubenssatz. Hier der Klassiker: „Mein Partner ist schuld, dass…" – so müssen wir selbst nichts ändern, und sind nicht gezwungen auf unseren Anteil zu schauen… Es kann sein, dass Ihnen ein hinderlicher, aber scheinbar unumstößlicher Glaubenssatz begegnet, den sie nicht unmittelbar hinterfragen können. Hier erweist sich die Übung des „gegenteiligen Denkens" als hilfreich. Formulieren Sie das Gegenteil ihres Glaubenssatzes, und betrachten Sie die Alternativen, die sich aus dem Perspektivwechsel ergeben. Wenn Sie ihr inneres Selbstgespräch in bestimmten Situationen betrachtet haben, und die Glaubenssätze aufgedeckt haben, kommt es nun darauf an, ein wahrheitsgemäßes Selbstgespräch zu führen. Also das bisherige Selbstgespräch B durch D zu ersetzen. Folge des neuen Selbstgespräches ist eine angemessenere emotionale Reaktion E angesichts dessen, was unter A geschehen ist.

Wie ich es zuvor schon gesagt habe, macht es für unser Gehirn wenig Unterschied, ob wir etwas gerade erleben, uns erinnern oder uns bloß gedanklich etwas vorstellen. Das können Sie gut nutzen, um Situationen, die Sie für sich als den „Dauerbrenner" ausgemacht haben, in Gedanken durchzuspielen, um das neue Selbstgespräch einüben zu können. Machen Sie sich keine Gedanken, wenn sich Ihre Einstellung und Ihre Emotionen nicht gleich beim ersten Versuch verbessern. Seien Sie geduldig, die alten Denkgewohnheiten sind wie eine gut ausgebaute Autobahn, und Sie errichten eine neue Straße. Es ist aber die Mühe wert, denn so werden Sie besser im Ziel ankommen. Zu Beginn wird sich Ihr neues Denken sehr falsch und fremdartig anfühlen. Das ist normal, den Sie durchlaufen jetzt einen Umlernprozess, bei dem unweigerlich, wenn Sie neue Verhaltensweisen und Gedanken einüben, sich trotz der theoretischen Einsicht noch eine Weile das Gefühl querstellt. Wir denken hier an die Alarmfunktion des Gefühls, sagen danke, das ist ok so, und machen einfach weiter mit dem, was wir für richtig erkannt haben, bis sich eine neue (Denk-)Gewohnheit herausgebildet hat.[55]

KAPITEL 23

RUMINATION UND SELBSTERKENNTNIS

In Kapitel 21 habe ich geschrieben, dass Rumination Teil des Verdrängungsschemas ist, man erinnert ein Ereignis, um sich damit Kontrolle zu suggerieren, dies aus dem unbewussten Wunsch heraus, dass sich dadurch die Situation irgendwie doch bitte irgendwie ändern möge. Genau das passiert, wenn man immer und immer wieder in gleichen Gedanken, Worten und Wendungen über etwas, das geschehen ist, oder was man fürchtet, das geschehen kann, nachdenkt: man kommt mit einer Situation nicht klar, und weiß sich nicht zu helfen, durchlebt sie durch das permanente Wiederkäuen (lat. ruminatio) immer und immer wieder, und die negativen Gefühle nehmen zu.

Dort habe ich auch geschrieben, dass *starke negative Emotionen in uns entstehen wenn wir mit Ereignissen konfrontiert werden, die mit massiven Bedrohungen und/oder Verletzungen unserer Ziele und Bedürfnisse* einhergehen [Berking], oder mit Ereignissen, die wir zumindest als so schwerwiegend empfinden, die auch ein extremes Stresserleben nach sich ziehen.* Ich betone hier so sehr das Empfinden, da es unsere Bewertung der Ereignisse ist, die die Gefühle auslöst, uns aber nicht zwingend bewusst sein muss, und dennoch stattfindet.

Es gibt die Fälle, „bei denen uns eine scheinbare Nichtigkeit komplett aus der Fassung bringt und uns Tage und Wochen [oder gar Jahre] später noch beschäftigt. Die banalen, aber schwer verdaulichen Ereignisse, über denen wir endlos brüten und die uns nicht richtig loslassen. Dass sie uns so lange beeinträchtigen und wir uns so klein und hilflos so verletzlich fühlen?"[56] Womit andere uns nicht erstnehmen, sagen „Stell dich nicht so an, das war nichts, nimm es locker" und uns zusätzlich kränken und uns noch das Gefühl geben, dass mit uns etwas nicht stimmt, da wir schon selbst Schwierigkeiten hatten, unsere heftigen Gefühle selbst zu verstehen. Wir drehen uns im Kreis und fühlen uns immer schlechter dabei und verstehen immer weniger. Wenn wir die Gefühle wegdrücken, kommen sie umso stärker zurück, und wir fühlen uns umso hilfloser.

Der empfundene Grad der Hilflosigkeit hängt auch von Ihrer Kontrollüberzeugung ab, ist sie internal, so glauben Sie, Ihre Situation beeinflussen zu können, was wünschenswert ist. Ist sie external-defensiv, „so schreiben sie wichtigen Menschen in Ihrer Umgebung Einfluss zu. Diese sind verantwortlich dafür, ob eine unbefriedigende Situation stressig bleibt oder nicht. Sie entscheiden darüber, wie es einem geht."[57] Oder Sie haben eine external-passive oder fatalistische Kontrollüberzeugung, dann sind es wahlweise Schicksal, Glück oder Zufall, die für Ihr Leben verantwortlich sind. Das nur am Rande, weil es, auch für das was kommt, nicht unwesentlich ist. Aber jetzt kommt des Pudels Kern.

Wie kann es sein, dass scheinbare Nichtigkeiten uns so fertig machen können? Genau, weil es keine sind. Wir sehen es nur nicht, weil wir zu sehr damit beschäftigt sind, sie wegzuschieben, uns unsere Gefühle wegreden zu lassen, oder uns dafür zu schämen, dass wir uns „nicht im Griff" haben.

Es geht um mehr als die scheinbar oberflächliche Situation, es wurde ein sog. Konstrukt aktiviert. „ In der Psychologie definiert man Konstrukte als Überzeugungen, die sich in der persönlichen Lerngeschichte ausgebildet haben und die ziemlich schwer zu verändern sind. Sie wirken sich auf das aktuelle Denken, Fühlen und Handeln einer Person aus. Konstrukte färben die Wahrnehmung und Bewertung einer Situation ein, indem sie Informationen, Geschehnisse usw. in einem bestimmten Licht erscheinen lassen."[58] „Sobald ein solches persönliches Thema aktiviert wird, entsteht intensiver Stress, der nachhallt. Solche persönlichen Themen (Konstrukte) sind das Produkt von Lernerfahrungen. Man speichert Erfahrungen ab, die man im Leben gemacht hat, und verinnerlicht ungünstige Sätze zur eigenen Person. Dabei geht es meist um Themen wie nicht geliebt zu werden, nicht zu genügen, nicht gerecht behandelt zu werden, keine Kontrolle zu haben und ungünstigen Ereignissen ausgeliefert zu sein."[59] Diese Lernerfahrungen beginnen im Säuglingsalter und sind tief verinnerlicht und wenig bewusst. Wir sehen nur unsere Reaktion auf diese tiefsitzenden Glaubenssätze, verstehen diese als solche aber nicht, weil wir nicht erkennen, dass ein solcher gerade aktiviert wurde. Auf die Gefahr, dass ich mich wiederhole, aber eben weil es so wichtig ist: „ Unter einem Glaubenssatz versteht man eine tief verankerte Überzeugung, die etwas über unseren Selbstwert und unsere Beziehungen zu anderen Menschen aussagt. [...] Glaubenssätze entstehen zwar in der Kindheit, aber sie verankern sich tief in unserem Unbewussten. Und so werden sie unbewusst ins Erwachsenenalter als psychisches Programm übernommen. Sie haben einen erheblichen Einfluss darauf, wie wir wahrnehmen, fühlen, denken und handeln."[60] Um diesem Programm auf die Spur zu kommen, empfiehlt sich die sog. Trichtermethode[61], bei der Sie immer tiefer in das Gefühl hineingehen, bis das eigentliche auslösende Konstrukt erkennbar wird. Sie können diese auch als Dialog anwenden, hierbei ist wichtig: der Zuhörer muss absolut vertrauenswürdig sein, und das Gehörte niemals gegen Sie verwenden, weil sie sich sehr öffnen werden und damit verletzbar machen. Ferner soll derjenige Ihnen tatsächlich zuhören, d. h. nicht Ihre Gefühle „abwürgen", oder besser wissen als Sie, was in Ihnen vorgeht, oder voreilige Ratschläge geben. Mal nachhaken, ggf. eine Zusammenfassung anbieten, nicht mehr.

So funktioniert es für den Sprecher (falls Sie es lieber nur für sich machen, schreiben Sie es unbedingt auf)

„Konkret bleiben: Sprechen Sie von einer ganz bestimmten, konkreten Situation, die Sie gestresst hat und die immer noch Stressgefühle auslöst: „Welche konkrete Situation hat mich gestresst?"

Gefühle: Gehen Sie auf Ihre Gedanken, Einschätzungen und Gefühle in dieser Situation ein: „Welches war innerhalb der verschiedenen Gefühle das stärkste Stressgefühl?"

Bedeutung: Arbeiten Sie heraus, weshalb die Situation dermaßen belastend war, was sie genau so schlimm gemacht hat. Erforschen Sie die emotionalen Gründe für Ihren Stress: „Warum hat mich das so getroffen?" ich würde noch ergänzen: „Woran erinnert mich das?", „Woher kenne ich das?" denken Sie bewusst an Ihre Kindheit. Es ist normal, wenn Sie emotional werden, weinen, Trauer verspüren oder wütend werden, das zeigt nur, dass Sie Ihrem Konstrukt näher kommen. Es ist wichtig und auch hilfreich, das Konstrukt zu erkennen: Sie verstehen sich, fühlen sich nicht mehr hilflos, und können etwas verändern.

Es gibt noch einen wichtigen Grund, den Königsgrund, den Stefanie Stahl in ihrem Buch beschreibt: „Deine negativen Glaubenssäte sind die Ursache für die Probleme, die du im Leben hast, sofern es sich um Probleme handelt, zu denen du einen Anteil mit beiträgst, und das sind alle Probleme, außer reine Schicksalsschläge. […] egal was dein Problem ist, es hängt ursächlich mit deinen negativen Glaubenssätzen zusammen. Sie sind dein Störprogramm. So scheinbar unterschiedlich und kompliziert deine Probleme dir auch bei oberflächlicher Betrachtung vorkommen mögen, bei genauerem Hinsehen wirst du feststellen, dass sie sich auf eine einfache Grundstruktur reduzieren lassen."[62]

Und das soll alles sein? Ja.

Aber es wird nicht unbedingt leichter dadurch, da die Konstrukte (oder die Glaubenssätze des verletzten inneren Kindes, oder Schattenkindes, wie Stahl es nennt) schwer loszuwerden sind. Sie schreibt „Selbst wenn wir um unser Schattenkind und seine Glaubenssätze wissen, sind wir häufig in seiner Realität gefangen. Das fällt mir bei meinen Klienten immer wieder auf: Eigentlich haben sie alles Wissen in der Hand, das sie für die Lösung ihrer persönlichen Probleme benötigen, aber sie vergessen es zwischendurch immer wieder. Dies hat meiner Meinung nach drei Gründe:

1. Der Erwachsene in uns kann nicht glauben, dass die Angelegenheit mit dem Schattenkind tatsächlich so ernst zu nehmen ist.
2. Wir sind so dermaßen daran gewöhnt, die Welt durch die Augen unserer Kindheitsprägungen zu sehen, dass es ganz schwer ist, an eine andere Wahrheit zu glauben.
3. Wir drücken uns davor, die Verantwortung für unser Fühlen und Denken zu übernehmen, vielmehr warten wir darauf, dass da draußen irgendetwas passiert, das uns erlöst."[63]

* Die vier Grundbedürfnisse nach Klaus Grawe: Bindung, Autonomie und Kontrolle, Lustbefriedigung bzw. Unlustvermeidung, Selbstwerterhöhung bzw. Anerkennung

KAPITEL 24

BÖSES ERWACHEN?

So, jetzt haben Sie all das gemacht und getan, Ihre Gefühle und Beziehungen analysiert, sich Sachen eingestanden und Ihre Einstellungen kritisch geprüft, und das war alles nicht einfach. Jetzt so denken Sie sich, kann es ja nur noch bestens und hervorragend für Sie laufen, eine Welt voller Zuckerguss wartet nun auf Ihr neues Ich. Leider ist es eher wie in der Matrix: „Rote oder blaue Pille?" und die Realität muss nicht unbedingt schön sein. Wir erinnern uns an dieser Stelle: deswegen verdrängen wir so gern. Wir ahnen, dass das was kommt nicht zwingend einfacher wird... fürchten uns, zu scheitern, verlacht zu werden, oder gar ganz allein da zu stehen, oder ganz von vorn anfangen zu müssen und das mit ungewissen Ausgang.

Es gibt keine Garantie, dass all Ihre Mühe und die Kämpfe, die Sie ausfechten, tatsächlich zum Erfolg führen. Sie sind zwar die einzige Chance; aber das Bekannte beizubehalten ist wie ein bequemes sicheres Bett in das man am Abend fällt, ohne sich sonderlich Gedanken machen zu müssen. Ist doch irgendwie viel besser als Ungewissheit... tut auch irgendwie weniger weh... In seinem Buch „Lügen die wir glauben" schreibt Turman die folgende Wahrheit über Veränderung: „ In dem Moment, wo Sie etwas gegen Ihr Problem tun, werden Sie sich höchstwahrscheinlich schlechter fühlen. [...] Mit anderen Worten, gerade dann, wenn Sie versuchen, Ihre Lügen zu beseitigen, steigert sich der emotionale Schmerz in Ihrem Leben. Deutlich wird das, wenn wir z.B. an einen übergewichtigen Menschen denken [...] Wenn er beschließt, durch Sport und Diät abzunehmen, sind die ersten paar Tage oder Wochen die schlimmsten. Der Betreffende hat nicht nur immer noch sein Übergewicht, sondern nun auch noch schmerzende Muskeln [und wahrscheinlich auch noch Heißhunger auf etwas, das er nunmehr nicht essen darf], und er fühlt sich noch schlechter. Der emotionale Schmerz von jemandem, der Übergewicht hat und etwas dagegen zu tun versucht, ist schlimmer als der emotionale Schmerz von jemandem, der einfach nur Übergewicht hat. [...] Manchen Leuten wird es an diesem Punkt zuviel und sie kneifen - sie gehen zurück zum [scheinbar] geringeren Übel."[64]

Es ist insofern anders als in der Matrix, denn wenn Sie zurückgehen, dann wissen Sie, dass Sie eine Illusion weiterhin aufrechterhalten. Das ist schmerzhaft und es kostet Kraft, all diese Illusionen aufrecht zu erhalten, aber vor allem kostet es Ihr Leben. Wenn Sie sich nicht der Realität stellen, und zunächst annehmen was da ist, und dann daran in Ruhe ggf. arbeiten, werden Sie immer darum bemüht sein müssen, der Realität Ihr Kunstbild überzustülpen, und ängstlich darum bangen müssen, dass sie nicht irgendwo doch zum Vorschein kommt. Und das ist ungefähr so sinnvoll, wie zu versuchen, einen Elefanten mit einem Taschentuch abzudecken, der größte Teil guckt irgendwie immer raus... Desweiteren ist es leider so, dass wenn Sie ihre Kraft und Energie darauf verschwenden, Ihre Illusionen mit Leben zu füllen, ihr wahres Leben leider ungelebt auf der Strecke bleibt, da Sie so niemals kongruent agieren können...

Die Wahrheit ist so edel: möchte Gott sich vor der Wahrheit kehren, ich wollte mich an die Wahrheit halten und Gott lassen. Meister Eckhart (1260 - 1327)

KAPITEL 25

ERLEUCHTUNG ODER VOM WAHREN GLÜCK

„Wenn ich mich so, wie ich bin, akzeptiere, dann ändere ich mich" sagte mal Carl Rogers, und er hatte Recht. Wie wir im vorigen Kapitel gesehen haben, kostet das Verdrängen viel Kraft. Sagen Sie: „ja ich habe ein Alkoholproblem", „betrüge meine Frau/ meinen Mann", „bin neidisch auf die Nachbarn", was auch immer Sie bisher mit „ja aber" und „bei mir ist es was anderes" oder „es ist kompliziert" wegerklärt haben. Sehen Sie ganz klar, was/ wie Sie jetzt gerade sind, nicht wer Sie „sein wollen" oder glauben „bald zu sein". Nichts ist schwerer als dieses Sehen. Denn in Wahrheit wollen wir nicht sehen, wir wollen uns nicht verändern. Wir wollen den status quo festhalten, uns aber damit gut fühlen, ihn höchstens zu unseren Gunsten verändern und dann in Beton gießen, um ihn dann festhalten und nicht mehr loslassen; aber das funktioniert nicht, „denn das Leben ist ein Fluss der fließen muss lass ihn fließen" (Krieger, Die Fanastischen Vier), und dennoch strampeln wir uns so sehr, und so vergebens, ab. Und dann gibt es noch unser Ego, den großen Einflüsterer, der uns weißmachen will, dass es eben bei uns etwas ganz Besonderes ist, und warum wir uns wider besseres Wissen trotzdem „richtig" verhalten haben usw. usf. Ich habe eine gute Nachricht für Sie: Sie sind nicht so besonders. Echt nicht. Sie sind keine Ausnahme von der Regel. Niemand ist das. Wir sind alle nur Menschen, damit beschäftigt, Dinge festhalten zu wollen und sich besser darzustellen, teilweise sogar besser als wir uns selbst wahrnehmen. Nur sehen wollen wir uns nicht. Und das denke ich aus zweierlei Gründen: der eine, schon genannt – unser Ego verträgt es nicht, nicht besonders zu sein. Was soll dann mit unserem Selbstwert geschehen? Darum machen Sie sich keine Sorgen, das Selbstwertgefühl wird Sie, wenn es darauf ankommt, auch im Stich lassen. Der andere Grund, der sich auf unser Verhalten auswirkt, fußt letztlich auch in unserem Ego: „Eine der grundlegendsten Entscheidungen des Lebens ist die, ob wir uns als voll und ganz verantwortlich für unser Leben betrachten oder aber uns als Opfer der Ereignisse sehen wollen."[65] Lassen Sie sich das auf der Zunge zergehen… Sie haben sich nur deswegen so hässlich benommen, weil der andere Sie zuvor provoziert hat, nicht wahr? Ihr Ego, Ihr Selbstwert als toller Mensch könnte nicht zugeben, dass Sie z.b. sich in Ihrem Zorn in Recht wähnten und ihrerseits Dinge rausgehauen haben, die Sie sich nicht hätten träumen lassen. An so einer Stelle gibt es zwei Möglichkeiten, Sie schützen Ihr Selbstbild, und der andere ist schuld – oder Sie sehen sich, so wie Sie sind, und akzeptieren es so wie es kommt. Es hindert Sie ja dann nichts daran, daraus zu lernen. Wenn Sie es verdrängen (der andere ist schuld), werden Sie weiterhin viel Energie brauchen um ihr vermeintliches Selbstbild aufrecht zu erhalten, und Sie werden nie kongruent sein, da Sie sich selbst gegenüber nicht aufrichtig sind. Wie könnten Sie sich moralisch richtig verhalten, wenn Sie Ihre Verfehlungen schön reden? Kristin Neff bringt es in ihrem Buch Selbstmitgefühl auf eine einfache Formel: Leiden = Schmerz x Widerstand. Sie führt dazu aus: „Leiden entspringt einer einzigen Quelle: dem Vergleich zwischen unserer Realität und unseren Idealen. Wenn die Wirklichkeit unseren Vorstellungen und Wünschen entspricht, sind wir glücklich und zufrieden. Tut sie das nicht, dann leiden wir. Natürlich kann man ausschließen, dass unser Alltagsgeschehen immer vollkommen kongruent mit unseren Idealen ist. Deshalb ist das Leiden so allgegenwärtig."[66] Wir brauchen nicht Perfektion (Selbstwertgefühl), alles was wir brauchen ist Verständnis (Selbstmitgefühl) – denn dieses bringt uns der Realität näher, und verschafft uns durch Akzeptanz Frieden (denn je mehr ich gegen etwas ankämpfe, desto mehr binde ich mich daran) und ermöglicht damit auch eine echte Veränderung. Für diese müssen Sie dann nichts mehr leisten, sie wird, wenn Sie im Kontakt mit der Realität sind, in Ihnen einfach geschehen.

Hier das Ergebnis einer Studie zu Selbstwert und Selbstmitgefühl: „Wie erwartet zeigte sich, dass Selbstmitgefühl stärker als Selbstwertgefühl mit stabilen und konstanten Gefühlen von Selbstwert verknüpft war. Wir haben auch festgestellt, dass Selbstmitgefühl mit einer geringeren Wahrscheinlichkeit als Selbstwertgefühl von bestimmten Ergebnissen wie sozialer Anerkennung, Erfolgen im

73

Wettbewerb mit anderen, oder dem Gefühl, attraktiv zu sein, abhängig ist. Wenn wir das Gefühl für unseren eigenen Wert darauf Gründen, dass jedes menschliche Wesen von Natur aus Respekt verdient – unabhängig davon, ob bestimmte Ideale erreicht werden -, dann ist es nicht so leicht zu erschüttern. Weiterhin hat die Untersuchung ergeben, dass Selbstmitgefühl weniger mit sozialen Vergleichen und dem Bedürfnis nach Rache für persönliche Kränkungen verknüpft ist als Selbstwertgefühl. Selbstmitgefühl war auch assoziiert mit einem geringen Bedürfnis nach Rechthaberei. Menschen, die ihren Selbstwert auf Gefühle von Überlegenheit und Unfehlbarkeit gründen, reagieren meist verärgert und defensiv, wenn ihr Status bedroht ist. Leute, die ihre Unvollkommenheit mitfühlend akzeptieren, brauchen solche ungesunden Verhaltensweisen nicht, um ihr Ego zu schützen."[67]

Was hier oben steht, ist eine populärwissenschaftliche Ausformulierung der Erleuchtung. Nicht mehr, nicht weniger. Wenn Sie all das wirklich verstehen, dann brauchen Sie keine Verdrängung, keine Selbstdarstellung, keinen Applaus, kein dickes Auto oder die Schönheits-OP, oder den nächsten Karriereschritt. Sie können das alles nach wie vor haben, aber Sie werden wissen, was es tatsächlich Wert ist, und ihr Seelenheil wird nicht davon abhängen – warum sollte es auch? Sie können einfach Sie selbst sein, und sich trotz allem was nicht so „optimal" ist, am Leben erfreuen.

Rick Hanson hat mal so schön gesagt: „Bei negativen Informationen funktioniert unser Gehirn wie Klettband, bei positiven wie Teflon". Das ist wohl ein evolutionäres Erbe, nach Eckart von Hirschhausen sind wir ja die Nachkommen der Pessimisten der Steinzeit. Versuchen Sie ihm im neuen Jahr ein Schnippchen zu schlagen, und sehen bewusst auf die (nur scheinbar) kleinen Freuden des Lebens.

Ich habe mal aus Interesse an der #100 Happydays - Aktion teilgenommen. Mit der Quintessenz dieser Zeit möchte ich mich von Ihnen ins neue Jahr verabschieden. Vielleicht brauchen Sie noch einen Neujahrsvorsatz ;)

100 Happydays #100: so ihr Lieben, jetzt habe ich euch 100 Tage lang mit dem schönsten bemerkenswertesten (oder dem jugendfreiesten Teil davon;) was mir an dem jeweiligen Tag passiert ist, hier bei facebook traktiert. Ziel der Übung war, das Schöne in seinem eigenen Leben bewusster wahrzunehmen, und dadurch glücklicher zu werden. Das Fazit nach 100 Tagen, in denen alles Mögliche passiert ist, lautet: ja, man bemerkt auch im Schatten das Licht. Kleine Dinge können ganz groß sein. Natürlich hatte ich in diesen 100 Tagen schlechte Laune, über die Idiotie von Autofahrern geflucht, mich gestritten oder sonstwie vom Leben benachteiligt gefühlt... aber es schlich sich auch die Frage ein: „ist es das wert? Sind all die Ärgernisse und Sorgen es wert, auch nur eine Minute darauf zu verschwenden?" Schließlich wird kein Ärger und keine Sorge mein Leben auch nur um eine Minute verlängern... Und es stellte sich ein mir bisher in der Deutlichkeit unbekanntes Gefühl ein, nein eigentlich fast eine Gewissheit, dass unter all dem Mist - mit dem wir uns tagein tagaus rumschlagen, und den wir ggf. selbst kultivieren durch effizientes Rumnölen und Jammern, ob allein oder im Duett - dass unter all dem Mist die Glückseligkeit liegt. Man muss sie nur zulassen. Das Leben ist ein Festmahl, und die Tragödie dabei ist, dass die meisten Leute dabei an Hunger sterben. Also: schaut in den Himmel. Atmet die frische Morgenluft. Hört die Vögel zwitschern. Geht spazieren. Guckt einen guten Film. Lest ein anregendes Buch. Helft einem Fremden. Denkt an jemanden, den ihr liebt. Noch besser, küsst ihn/sie. Ich wünsche euch viel Spaß... und ich gehe jetzt dann mal was essen ;)

KAPITEL 26

ACHTSAM DENKEN

Neulich sah ich mehrere Dokus u.a. über Eifersucht, Alkoholismus, und andere Problemstellungen. Was mich ansprang, war, dass die Protagonisten null Ahnung hatten, wie ihnen geschah und keinerlei tragfähige Strategien hatten, ihrem Problem richtig zu begegnen. So hart es klingt, weil sie ihre Problem nicht vollumfänglich verstanden haben und/oder sich eingestanden haben, oder jeweils das eine dem anderen in die Quere kam. Da wurde mir nochmal bewusst, wie wichtig Klarheit im Denken ist- und auch - gerade wenn man selbst an seine Grenzen stößt, ein kompetenter Ansprechpartner. Wenn man sich zum 50 Mal um das Gleiche genau gleich dreht, dann ist da eine Pathologie drin, und es wird Zeit, neu auf das Problem zu schauen, und/oder sich Hilfe zu suchen. Ich habe schon an anderer Stelle ausgeführt, dass das eigene Umfeld meist nicht hilfreich sein kann, es ist entweder selbst betroffen und gleichermaßen verstrickt, oder zumindest in ähnlichen Denkmustern gefangen. Und wie mächtig Verdrängung und nicht Wahr-Haben-Wollen ist, habe ich auch schon reichlich beschrieben. Wie kann man tatsächlich anders denken? Neben den anderen Möglichkeiten, die ich hier im Blog aufgezeigt habe, finde ich den Ansatz von Katie Byron ganz toll. Sie sagt „Ich habe nie ein belastendes Gefühl erlebt, das nicht durch das Festhalten an einem unwahren Gedanken verursacht gewesen wäre. Hinter jedem unbehaglichen Gefühl, steht ein Gedanke, der für uns nicht wahr ist. [...] Der ganze Stress, den wir empfinden, wird dadurch verursacht, dass wir mit dem streiten, was ist."[68]

Das Problem ist nur, dass wir das was nicht wahr ist, für wahr halten, bzw. darauf beharren, dass Dinge, die sind wie sie sind, so sein sollten, wie wir sie haben wollen. Und dabei noch Dinge gerne anders hätten, die wir gar nicht beeinflussen können. Katie unterscheidet drei Arten von Angelegenheiten, nämlich die eigenen, die der anderen, und die von Gott. Sie stellt fest: „ich erkannte, dass ich jedes Mal, wenn ich mich in meinem Leben verletzt oder einsam gefühlt hatte, [ich] in den Angelegenheiten von jemand anders gewesen war."[69] Also wäre eine Frage, die Sie sich stellen können, um der Realität auf die Spur zu kommen, die: „In wessen Angelegenheiten befinde ich mich gerade?" Wenn es nicht Ihre sind, raus da. Mit den Ihren gibt es noch genug zu tun. Hierzu hat Katie Byron einen Fragenkatalog ermittelt, der hilft, aus der eigenen Geschichte, die man sich erzählt, nach und nach die Realität rauszulösen. Wie Sie an Ihre kommen: ganz einfach. Schreiben sie ganz ungeniert und unzensiert eine Schimpftirade über einen Menschen, der Sie emotional aufwühlt. Schreiben sie, was Sie ärgert, enttäuscht, schmerzt, was die Person ändern soll, tun oder lassen, denken oder fühlen. Was brauchen Sie von dieser Person, was denken Sie über sie. Und wichtig: was wollen Sie nie wieder mit dieser Person erleben?

Wenn Sie das haben, dann nehmen Sie ihren ersten Satz (und danach alle anderen) und arbeiten mit allen diese Fragen durch:

Frage 1. Ist das wahr? Wie sieht die Wirklichkeit dieser Situation aus? Z.B „Mein Mann sollte mir zuhören." Tut er zwar nicht, sollte er aber immer. Die Wirklichkeit ist, er tut es nicht. Hier geht es nicht darum, was wünschenswert ist, sondern was Fakt ist.

Frage 2. Können Sie absolut sicher sein, dass das wahr ist? Um beim Beispiel zu bleiben, dass alle Männer zuhören sollten ohne Ausnahme. Hören Sie eigentlich immer zu? Es gibt kein „sollte"…

Frage 3. Wie reagieren Sie auf diesen Gedanken? Können Sie einen Grund erkennen, diesen Gedanken aufzugeben? (Und bitte versuchen Sie nicht, ihn aufzugeben.) Können Sie einen Grund finden, der Ihnen keinen Stress verursacht, an diesem Gedanken festzuhalten?

Frage 4. Wer wären Sie ohne diesen Gedanken? Wie würden Sie sich fühlen, wie würde es Ihnen ergehen?

Und dann kommt die Umkehrung. Katie erklärt die Umkehrung so: „ Hier greifen Sie auf, was Sie über andere geschrieben haben, und prüfen, ob es genauso wahr oder wahrer ist, wenn Sie es auf sich selbst anwenden. […]"[70] Es gibt drei Möglichkeiten der Umkehrung. Sie können die Beurteilung so umkehren, dass sie sich 1. auf Sie selbst, 2.

auf den anderen und 3. auf das Gegenteil bezieht [das ist untereinander noch kombinierbar]."[71]

Ein Beispiel aus ihrem Buch: ein junger Teenager, der darauf beharrte und unglücklich darüber wurde, dass ihn seine Familie so wie er ist, nicht akzeptiert. Eine Umkehrung war, dass er sich selbst so wie er ist, akzeptieren muss. Und dass er andererseits, seine Familie, so wie sie ist, akzeptieren muss. [72] So bleibt auch jeder bei seinen Angelegenheiten ;) Wie viel entspannter ist es, wenn wir nicht mit der Realität kämpfen. Dann geschieht noch etwas Magisches, oder einfach etwas Meditatives: „Niemand hat es je fertig gebracht, sein Denken zu kontrollieren [...] Ich lasse meine Gedanken nicht los – ich begegne ihnen mit Verständnis. Dann lassen sie mich los."[73]

Und damit lasse ich Sie jetzt alleine :D

KAPITEL 27

NACHTRAG: DAS VERGEBEN VERGESSEN

Als ich mich gerade durch die alten Blogtexte klickte, um eine Inspiration für den ersten Text dieses Jahr zu bekommen, fiel mir siedend heiß auf, dass ich ein Thema, von dem ich dachte, ich hätte darüber geschrieben, doch nicht behandelt habe. Und zwar das Vergeben. Es hat mich häufig irritiert, dass in der Ratgeberliteratur mantraartig die Überzeugung kolportiert wird, man müsse förmlich „um jeden Preis" und auch Menschen, die nie darum gebeten haben, vergeben, um etwaige Traumata ablegen zu können, und zum inneren Frieden zu finden (das unterschwellige Argument ist hierbei, man tut es Final nicht für das Gegenüber, sondern im eigenen Interesse). Das ging mir – ganz professionell gesprochen – schon immer auf den Sack.

Weil es Zwänge und eine „Bedingung ohne die es vermeintlich nicht geht" schafft, die vollkommen überflüssig, gar hinderlich sind, und ganz nebenbei das „leichtfertige" Vergeben als Abkürzung für einen kompletten Heilungsprozess erscheinen lässt, was aber falsch ist, und diesen verhindert. Weil man ja geneigt ist zu glauben, jetzt habe ich vergeben, Thema abgehakt. Nein, ist nicht. Abgehakt ist, wenn die Verantwortung für das Geschehene klar geregelt ist, Sie ihr Gegenüber nicht (mehr) hassen, und keinen Zorn (mehr) verspüren, und kein Bedürfnis nach Rache (mehr) haben. Wenn Sie den Einfluss dieser Person auf ihr Leben unterbunden haben. Kurz, wenn Sie emotional von der Person losgelöst sind. Hass bindet, der Wunsch nach Rache bindet.

Erst in Susan Forwards Buch „Vergiftete Kindheit" fand ich sechs magische Seiten (mehr waren nicht nötig) und sogar den Begriff „Die Vergebungsfalle". Sie schreibt, dass sie anfangs als Therapeutin auch dem Glauben an die Vergebung anhing, aber dann: „ Ich hatte das Gefühl, etwas stimmte nicht, wenn man jemanden fraglos von seiner rechtmäßigen Verantwortung entbindet, besonders wenn er ein unschuldiges Kind schwer misshandelt hat. [...] Je mehr ich darüber nachdachte, umso deutlicher erkannte ich, dass diese Vergebung nur eine andere Form der Verleugnung darstellte. [...] Manche Klienten klammerten sich an ihre Vorstellung: „Ich brauche nur zu vergeben, und dann werde ich geheilt. Ich werde wunderbar gesund, und alle lieben einander. Wir nehmen uns oft in den Arm und werden alle glücklich." Nur zu oft entdeckten die Klienten, dass dem leeren Versprechen von Vergebung bloß eine bittere Enttäuschung folgte. Manche erlebten eine Phase des Wohlbefindens, die jedoch nicht andauerte, weil sich weder ihre Gefühle noch die Interaktionen ihrer Familie wirklich verändert hatten. [...] Ich habe im Verlauf der Jahre gesehen, dass emotionaler und seelischer Friede sich einstellt, wenn man sich selbst aus der Kontrolle giftiger Eltern löst, ohne ihnen notwendigerweise zu vergeben. Diese Lösung kann nur erfolgen, wenn Sie die intensiven Gefühle von Empörung und Kummer durchgearbeitet haben, und die Verantwortung dorthin übergeben haben, wo sie hingehört."[74]

Ich möchte noch ergänzen, da Susan Forward sich in ihrem Buch auf die Eltern/Kind Beziehung bezieht, und da die Verantwortung klar ist, dass es manchmal auch notwendig ist, gerade als Erwachsener, auf die eigene Verantwortung zu schauen. Auch das kann Ihnen helfen, wenn Sie z.b. aus falsch verstandener Liebe nicht akzeptables Verhalten Ihres Partners hingenommen haben. Wenn Sie die Verantwortung für diesen Teil übernehmen, so fühlen Sie sich nicht mehr hilflos, und erlangen die Kontrolle über ihr Leben zurück. Wenn Sie absichtsvoll und vorsätzlich in Ihrem Leben verletzt wurden, kann es sehr schwer sein, den Zorn und die Rachegedanken fallen zu lassen.

Ich habe heute zufällig eine Geschichte, die der Dalai Lama erzählt hat, wieder gehört: „ Wann immer der Dalai Lama über Versöhnlichkeit spricht, führt er als Beispiel gerne die Geschichte von Lopon-la an, einem Mönch als Lhasa, dessen Bekanntschaft er vor der chinesischen Okkupation gemacht hatte. „Nachdem ich aus Tibet geflohen war, wurde Lopon-la von den Chinesen ins Gefängnis geworfen. [...] Er blieb dort achtzehn Jahre. Als er endlich frei war, kam er nach Indien. Ich hatte ihn zwanzig Jahre nicht gesehen. Aber er schien sich nicht verändert zu haben. Natürlich sah er älter aus, Aber er war körperlich gesund. Sein Verstand war nach so vielen Jahren Gefängnis noch immer scharf. Er war noch immer derselbe freundliche Mönch. Er erzählte mir, die Chinesen hätten ihn gezwungen, seinen Glauben zu verleugnen. Sie folterten ihn sehr oft im Gefängnis. Als ich ihn fragte, ob er je Angst gehabt habe, antwortete Lopon-la: „ Ja, vor einer Sache hatte ich Angst. Ich hatte Angst, mein Mitgefühl für die Chinesen zu verlieren." Das hat mich zutiefst gerührt und auch sehr inspiriert."[75]

Ich selbst war noch nie von einem menschlichen Zeugnis so beeindruckt, dass es wirklich möglich ist, so zu sein, auch unter derart unmenschlichen Umständen. Ich bin mir immer noch nicht sicher, ob das buddhistisch verstandene Mitgefühl auch Vergebung bedeutet – ich glaube nicht. Ich glaube, es bedeutet, weitestgehend unbeschattet von den eigenen Emotionen zu sehen, was im anderen Menschen vorgeht, und dies gelingt im Falle des Mitgefühls ohne die Begleitgefühle von Ohnmacht und Hoffnungslosigkeit. (Hierzu gibt es von Matthieu Ricard eine interessante Unterscheidung von Empathie und Mitgefühl in seinem Buch über Altruismus). Und dies kann auch hilfreich sein wenn es darum geht, zu erkennen, wie beschädigt und bedürftig ein anderer Mensch ist, dass er sich in bestimmter schädigender und verletzender Weise verhalten hat, verhalten will, oder zu verhalten wählt. Wenn Sie das so sehen können, fällt es Ihnen möglicherweise etwas leichter, sich nicht hilflos und ohnmächtig zu fühlen, und mit Ihrem durch diesen Menschen verursachten Zorn und Rachegefühlen besser umzugehen.

KAPITEL 28

DAS MENSCHSEIN LIEGT IM INNEHALTEN – ABER DAS IST UNBEQUEM

„Zwischen Reiz und Reaktion gibt es einen Raum. In diesem Raum haben wir die Freiheit und die Macht, unsere Reaktion zu wählen. In unserer Reaktion liegen unser Wachstum und unsere Freiheit." - Viktor Frankl

Und was heißt Freiheit? – „Frei sein heißt, Herr seiner selbst zu sein. Viele Leute verbinden damit die Vorstellung von Handlungsfreiheit, freier Wahl des Aufenthaltsortes, freier Meinungsäußerung [...] Diese Auffassung siedelt Freiheit allerdings in erster Linie außerhalb von uns selbst an und lässt die Tyrannei der Gedanken völlig außer Acht. [...] Frei zu sein läuft mit anderen Worten darauf hinaus, uns aus dem Würgegriff der destruktiven Emotionen zu befreien, denen es immer wieder gelingt, den Geist unter ihre Kontrolle zu bringen und so seine ursprüngliche Klarheit in mitunter extremer Weise zu trüben und zu verschleiern. Frei zu sein heißt, sein Leben in die eigenen Hände zu nehmen, anstatt den durch Gewohnheit und aus geistiger Verwirrung entstandenen Neigungen die Federführung zu überlassen. Wenn ein Segler das Steuerruder verliert, die Segel im Wind flattern lässt und das Boot der Strömung überantwortet, sprechen wir nicht von Freiheit, wir nennen das „sich treiben lassen." Hier bedeutet Freiheit: das Ruder fest in der Hand halten und Kurs auf das vorgesehene Ziel nehmen."[76] Ricard stellt in seinem Buch an anderer Stelle fest, dass gerade Menschen in westlichen Kulturen viel Zeit und Energie in alle erdenklichen Bereiche (Fitness, Ausbildung, Karriere) investieren, andererseits aber „tun wir jedoch so wenig, um die inneren Voraussetzungen zu verbessern, die letztlich für die Qualität unseres Lebens entscheidend sind."[77] Wann haben Sie zum letzten Mal gezielt mit Ihren Emotionen, an Ihren Denkgewohnheiten oder Ihren Wertvorstellungen gearbeitet? Wann haben Sie zuletzt Ihre Reaktions- und Verhaltensweisen bewusst geprüft/nachvollzogen/verändert? Wann waren Sie zuletzt im Einklang mit ihren Wertvorstellungen in Ihrem Denken, Fühlen und Sprechen und handelten dementsprechend bewusst und gewählt?

Ich weiß, dass ich in den vorigen Abschnitt alles von Selbsterkenntnis, über Kongruenz und Wertvorstellungen und moralisches Handeln reingequetscht habe, aber ohne das ist alles Nichts. Nur so kommt tatsächlich alles zusammen, was es uns ermöglicht, im Sinne des Ausspruchs Frankls, wirklich unsere Reaktion zu wählen. Dabei leben wir in einer Kultur, die es uns scheinbar leicht macht, ohne wirklich gelebte Werte auszukommen. Und dabei hilft auch noch ein kleiner heimtückischer psychologischer Mechanismus. Gestolpert bin ich über den Gedanken in Harald Welzers Buch „Selbst denken. Eine Anleitung zum Widerstand." Im Kapitel „Sorry, Umwelt" heißt es: „Umweltbewusstsein und Handeln [können] nur entfernt miteinander zu tun haben [...] das Unbehagen, das mitunter entsteht, wenn man Dinge tut, die eigentlich falsch sind, ist ausgesprochen leicht zu bewältigen. Menschen können zwischen ihr Wissen und ihr Handeln Abgründe von der Dimension des Marianengrabens legen und haben nicht das geringste Problem damit, die eklatantesten Widersprüche mühelos zu integrieren und im Alltag zu leben."[78] Der heimtückische Mechanismus hat den unscheinbaren Namen „kognitive Dissonanz" und ist im Prinzip nichts anderes als Verdrängung mit dem Zweck der Erhaltung eines positiven Selbstbildes. Hier folgt die Beschreibung der kognitiven Dissonanz aus Wikipedia, da dieser Beitrag die wesentlichen Elemente sehr gut und in knapper aber sehr plastischer und einleuchtender Form zum Ausdruck bringt: „Kognitive Dissonanz bezeichnet in der Sozialpsychologie einen als unangenehm empfundenen Gefühlszustand. Er entsteht dadurch, dass ein Mensch mehrere Kognitionen hat (Wahrnehmungen, Gedanken, Meinungen, Einstellungen, Wünsche oder Absichten), die nicht miteinander vereinbar sind. Derartige Zustände werden als unangenehm empfunden und erzeugen innere Spannungen, die nach Überwindung drängen. Der Mensch befindet sich im Ungleichgewicht und ist bestrebt, wieder einen konsistenten Zustand – ein Gleichgewicht – zu erreichen.

Kognitive Dissonanz tritt unter anderem auf, wenn man eine Entscheidung getroffen hat, obwohl die Alternativen ebenfalls attraktiv waren; wenn man eine Entscheidung getroffen hat, die sich anschließend als Fehlentscheidung erweist; wenn man gewahr wird, dass eine begonnene Sache anstrengender oder unangenehmer wird als erwartet; wenn man große Anstrengungen auf sich genommen hat, nur um dann festzustellen, dass das Ergebnis den Erwartungen nicht gerecht wird; wenn man sich konträr zu seinen Überzeugungen verhält, ohne dass es dafür eine externe Rechtfertigung (Nutzen/Belohnung oder Kosten/Bestrafung) gibt.

Ist die Dissonanz stark genug, kann ihre Bekämpfung eine dauerhafte Änderung von Einstellungen und Verhalten herbeiführen. Starke Dissonanz entsteht insbesondere bei einer Gefährdung des stabilen, positiven Selbstkonzepts, wenn also jemand Informationen bekommt, die ihn als dumm, unmoralisch oder irrational dastehen lassen. Kognitive Dissonanz motiviert Personen, die entsprechenden Kognitionen miteinander vereinbar zu machen, wobei unterschiedliche Strategien benutzt werden, wie beispielsweise Verhaltensänderungen oder Einstellungsänderungen. Falls nötig, werden die eigenen Überzeugungen und Werte geändert, was über temporäre Rationalisierungen weit hinausgeht. Der Begriff wurde 1957 von Leon

Festinger geprägt, der sowohl die Entstehung als auch die Auflösung von kognitiver Dissonanz theoretisch formulierte."[79]

Anstatt also mit Hilfe der Selbsterkenntnis daran zu arbeiten, ein besserer Mensch zu werden, der im Einklang mit sich selbst ist, verschafft man sich über den Weg des geringsten Widerstandes ein „besseres Gefühl" - und fertig. Ein Beispiel, ein ganz Alltägliches: das Leben mit dem Wissen um die Umweltzerstörung, Praktiken in der Massentierhaltung, die Abwälzung von Externalitäten durch Unternehmen auf Steuerzahler, und das Leben unter Ausbeutung und auf Kosten der Dritten Welt und kommender Generationen; generell der Umstand, dass unsere T-Shirts, Steaks und die ganz schlauen Smartphones nie im Leben so billig wären, wenn dafür nicht irgendwer/oder was ausgebeutet, gequält oder zerstört worden wäre. Nüchtern betrachtet ist es heutzutage schwer nicht Teil oder Komplize eines ungerechten Systems zu sein. Wir spüren das. Da es quasi „überall" ist, ist es nicht einfach, sich dem zu entziehen, und nahezu jede Konsumentscheidung ist davon betroffen. Deswegen schieben wir das weg: „Wenn ich jedes Mal darüber nachdenken würde, würde ich verrückt werden/könnte nichts mehr kaufen/ normal im Alltag funktionieren..." und wir greifen gern, um uns besser zu fühlen zu den (den findigen Marketingleuten sei Dank) klimaneutral, ökologisch aus dem Plastikmüll der Ozeane nachhaltig hergestellten neuen! Sportschuhen. Und schwupps hat man ein besseres Gefühl. Und „es liegt an der Politik/den Unternehmen/ der Gesetzgebung, die Missstände abzuschaffen, schließlich sind es nicht wir persönlich, die den Planeten ausbeuten, sondern raffgierige Unternehmen und was kann ein einzelner schon ausrichten, z.B. eine Gesetzesänderung wäre viel wirksamer. Wäre sie auch ohne Zweifel. Und außerdem: würden sich die Menschen der Dritten Welt um uns kümmern, wenn es umgekehrt wäre? Ist nicht sich jeder selbst am nächsten?" Wenn man über all die Missstände nachdenkt, und vor lauter Wald die Bäume nicht mehr sieht und zum Ergebnis kommt, dass man „im Alltag nicht mehr normal funktionieren könnte", wenn man noch länger über all das nachdenkt, und gar nicht wüsste, womit man anfangen soll, fühlt man sich schnell überwältigt, hilflos und schlecht, total frustriert. Und deswegen lässt man es ganz, sich damit zu befassen und klebt das

Pflaster der Rechtfertigungen darauf. Das geht umso schneller, je emotionaler man ist: „Verhaltensforscher sind außerdem in verschiedenen Studien zu dem Ergebnis gelangt, dass die Menschen, denen es am besten gelingt, ein emotionales Gleichgewicht aufrechtzuerhalten (indem sie ihre Emotionen zu regulieren vermögen, ohne sie zu unterdrücken), zugleich das höchste Maß an Selbstlosigkeit an den Tag legen, wenn sie erleben, dass andere leiden. Dagegen sind übermäßig gefühlsbetonte Menschen angesichts leidender Mitmenschen meist mehr mit der eigenen Verstörtheit befasst als mit der Frage, wie sie zur Linderung des Leids, das sie erblicken, beitragen können."[80]

Aber die Wahrheit ist: „Es ist eine Schande für uns, und alle sind wir verantwortlich." und dass wir: „In dieser Welt der Globalisierung in die Globalisierung der Gleichgültigkeit geraten sind. Wir haben uns an das Leiden des anderen gewöhnt, es betrifft uns nicht, es interessiert uns nicht, es geht uns nichts an." [Papst Franziskus - u.a. in „Ein Mann seines Wortes", den Film kann ich nur empfehlen übrigens].

Ich habe schon häufiger in diesem Blog auf die erstaunliche Macht der Verdrängung hingewiesen; so wie es aussieht bleiben Dinge auf der Welt schlecht, weil wir uns nicht schlecht fühlen wollen (oder als Teil von etwas Schlechtem). Das ist verständlich, aber ohne dass wir auf uns schauen und das erst mal so annehmen, wie es tatsächlich ist, und die damit einhergehenden Gefühle aushalten, können wir nicht erkennen, wie wir wirklich sind und ggf. etwas an unserem Denken und Handeln verändern.

Wenn ich also innehalte, meine eigenen Ausflüchte und Rationalisierungen Angesichts meiner Konsumentscheidungen analysiere und dann weglasse, bleibt übrig:

ich bin bequem, geizig, und nicht wirklich gewillt, ernsthaft auf etwas zu verzichten.

Wenn Sie mich also bitte entschuldigen würden, denn wie Sie sehen, habe ich mit mir selbst reichlich zu tun. Ich würde mich nämlich gerne mal wieder selbst ernst nehmen.

KAPITEL 29

#100HAPPYDAYS #100 ZUM ZWEITEN: ÜBER DIE MACHBARKEIT VON GLÜCK

Irgendwie hat mich die 100 Tage Marke letztes Mal schon dazu gebracht etwas mehr auszuholen (der Text ist auch hier im Blog Kapitel 25) , und ich staune, was die „Wiederholung" so alles Neues hervorgebracht hat. Ich möchte A. J. für ihren Enthusiasmus in Anbetracht der Idee der #100 Happydays danken, der hat bei mir den Impuls „warum nicht wiederholen?" ausgelöst, und ich bin dafür unendlich dankbar, denn ich habe hier locker 100 neue Erkenntnisse gehabt, und jede Menge Glück und Freude. Vor allem habe ich viel über das Glück gelernt: es ist überall – man muss es nur sehen lernen. Morgens aus dem Haus zu gehen und die frische, hier auf dem Land nach Gras duftende, Morgenluft zu atmen ist Glück. Mit jemanden herzlich zu lachen ist Glück. Kurz innezuhalten und einen kleinen Schwatz zu halten ist Glück. Arbeiten zu gehen ist Glück. Hausarbeit zu machen ist Glück. Auf diesem wunderschönen Planeten zu sein ist Glück (erst recht in unseren sicheren Breitengraden, wo man sich nicht um sein Leib und Leben sorgen muss). Seitdem ich das Glück in allem erkennen kann, kann ich das Jammern überhaupt nicht ertragen, es stresst mich zutiefst. Ich begreife nicht, wie man einen derart verdrehten Blick auf die Wirklichkeit haben kann, dass man, anstatt froh zu sein, da zu sein und dabei zu sein, denn jeden Tag ist „Welturaufführung" mit dem Jammern über irgendwelche Nichtigkeiten sein Leben zubringen kann, und deswegen noch das alltägliche Wunder verpasst…

Der Unterschied zwischen Glück und Vergnügen ist übrigens leicht zu erkennen. Vergnügen verbraucht sich mit der Zeit. Glück nicht. Wobei das Vergnügen auch schön sein kann. Da macht es die richtige Dosis Essen, Rotwein, Feiern und Schuhe ;) Im Laufe der #100 Happydays habe ich begriffen, dass das was wir so gerne sagen, nur um es gleich zu vergessen oder als zu klein um wirklich richtig und wirksam zu sein abtun, echt wahr ist: Das Glück ist in den kleinen alltäglichen Dingen. Wir hetzen nur noch so sehr durch den Alltag auf Autopilot, dass wir das nicht zu sehen vermögen. Glück hat auch was mit Achtsamkeit zu tun. Man sollte Ausschau danach halten. Man sollte bewusst danach streben und auf das Schöne im Leben sehen, anstatt auf das Negative zu fokussieren. Letzteres können wir alle automatisch (Stichwort negativity bias) oder wie von Hirschhausen so schön sagte: „Wir sind die Nachfahren der Pessimisten der Steinzeit." Denn die haben überlebt, und das haben wir als Überlebensstategie gelernt.

Glücklichsein ist machbar. Das habe ich gelernt. Es ist eine Frage der Einstellung und der proaktiven Lebensführung. Im Neudeutsch der Psychologie heißt es „prioritizing positivity". Im Résumé über Barbara Fredricksons Forschung zu diesem Thema lesen wir: „People who prioritize positivity try to do more activities they enjoy - monitoring their schedule rather than their emotions. According to [Fredricksons] study of more than 200 adults, people who prioritize positivity have more positive emotions, fewer negative emotions, more life satisfaction, and fewer depressive symptoms."[81]

Die #100 Happydays sind ein wunderbarer Einstieg, genau das zu tun. Die Tür zu öffnen, damit das Glück einziehen kann. Ich wünsche Ihnen viel Glück.

KAPITEL 30

NEUES JAHR, ALTE ABHÄNGIGKEITEN

Vielleicht haben Sie die Inhalte des Blogs als Inspiration genutzt, um Veränderungen in Ihrem Leben einzuleiten und an Ihrer persönlichen Entwicklung zu arbeiten. Haben Sie dabei auch schon mal das Gefühl, dass es Ihnen damit so ergeht, dass sie nach zwei Schritten vorwärts drei wieder zurück tun, und letztlich gefühlt auf der Stelle treten? Dass der Aufwand im Vergleich zu den erzielten Ergebnissen eher zu hoch ist, bzw. die Ergebnisse zu fragil, oder dass Ihr Umfeld diese wieder ganz schnell ad absurdum führen kann? Oder, dass Sie ganz schnell ganz allein da stehen, wenn Sie konsequent etwas verändern? Oder Sie erfahren plötzlich von anderen eine ungerechtfertigte Abneigung und Ablehnung, anstatt dass sich andere über Ihre Veränderung freuen, was Sie zusätzlich persönlich unter Druck setzt, weil Sie Wert auf diese Menschen und ihre Meinung legen? Haben Sie hierbei das ungute Gefühl, dass Sie gerade von Menschen, die Ihnen Nahe stehen, und von denen Sie sich Unterstützung und positives Feedback erhoffen würden, so ziemlich gegen Ihre Veränderungen sind? So hört z.b. eine Frau, die lange Zeit Gewicht verlieren wollte, und ihr dies endlich gelingt, und sie ihre Freude darüber und ihr Konsequent-Sein in diesem Vorhaben mit ihrem Partner teilen will, so etwas wie: „ Naja, schön und gut, nur werd jetzt nicht anorektisch ..." Da fällt einem nichts mehr ein, die Freude ist hin, und man fragt sich, wieso macht er mir das kaputt. Und, gefällt ihm meine Veränderung vielleicht nicht? Was ist da noch, was nicht gefällt ... kann ich mich ändern, ohne dass es negativ für mich ist? Was bedeutet das für uns als Paar? Usw., usf. Genau so kann es Ihnen mit Familienangehörigen, hier Eltern im Besonderen, sog. „Freunden" und noch vielen anderen Menschen z.B. am Arbeitsplatz ergehen.

Sehen Sie, damit das nicht dazu führt, das Richtige zu unterlassen, ist es wichtig, sich ein paar grundlegende und anfangs auch schwierige Wahrheiten zum Thema persönliche Entwicklung deutlich zu machen.

1. Es gibt keine Belohnung

Persönliche Entwicklung ist Lohn in sich und es ist ein immerwährender Prozess, in dem sich nur durch beständiges Dranbleiben ein Voranschreiten und ggf. eine gewisse Meisterschaft einstellt. Rückschritt und Hinfallen gehört regelmäßig dazu, dies ist Teil unserer menschlichen Natur. Es gibt keinen Goldtopf zu gewinnen, kein Endziel, keine Hängematte, die auf einer paradiesischen Südseeinsel als Belohnung auf Sie wartet. Es wird einfacher, aber nicht im konventionell gedachtem Sinne von bequem. Dennoch lohnt es sich mehr als alles andere, denn wozu sind Sie hier, wenn nicht deswegen, Sie zu sein? Und niemand hat behauptet es sei einfach oder leicht zu haben, und es könnte in 2 Tagen von Amazon geliefert werden. Oder mit einer umfassenden Police versichert, gegen alle Widrigkeiten des Lebens.

2. Ihre Kodependenz und die Macht der Gewohnheiten

Was die Rückschritte und das Hinfallen anbelangt, so sollten Sie fest damit rechnen. Warum? Es gibt von Ruby Wax ein schönes erhellendes Zitat: „Your brain is designed to keep you alive. It doesn't give a shit about your happiness." Nehmen wir an der Stelle hier das auf, was über Kodependenz in diesem Blog gesagt wurde: „Es ist eine Seuche". Die Chancen, dass Sie betroffen sind, stehen sehr gut, denn kaum jemand hat die perfekte Kindheit, und wir tragen alle an etwas herum. Wie ich schon oft geschrieben habe, wir tragen umso mehr daran, je gründlicher wir Dinge verdrängen oder diese uns nicht bewusst sind. Da man als Kind bemüht ist, im wahrsten Sinne des Wortes zu überleben, haben sich automatische Reaktionsmuster und Selbstwahrnehmungsskripte etabliert, die in der Kindheit diesen Zweck erfüllt haben, und die jetzt gewohnheitsmäßig abgespult werden, auch wenn sie zur aktuellen erwachsenen Lebenswirklichkeit nicht passen und dieser abträglich sind.

Diese laufen so lange automatisch ab, bis Sie sich bewusst damit auseinandersetzen und gezielt anders handeln, als ihre Gewohnheiten es vorgeben. Es kann aber in Zeiten starker emotionaler Belastung dazu kommen, dass die alten Verhaltensmuster die Oberhand gewinnen, sie sind wenn man so will „am sichersten" etabliert. Hier hilft es, wenn man emotional außer Rand und Band ist, und sich überhaupt nicht mehr erwachsen verhält: innezuhalten. Sich zu fragen: Woran erinnert mich das/ woher kenne ich das Gefühl? Was brauche ich jetzt? Was wäre der erwachsene Umgang damit? Akzeptieren Sie Rückschritte in Ihrer Entwicklung, die Gewohnheit ist ein mächtiger Gegner.

3. Die Kodependenz Ihres Partners

Bedenken Sie, dass Ihr Partner (wenn Sie in einer Beziehung sind) auch so seine Themen hat. Über gestörte Beziehungen, und was zu tun ist, habe ich schon ausführlich geschrieben, schauen Sie hierzu in die ersten Kapitel. Ich meine hier den „ganz normalen" Partner. Man bekommt genau den Partner, der die eigenen Schwächen bedient. *[wahrscheinlich die milde Form des unglückliche Kindheit wiederholen und wiederherstellen wollen in neuer Beziehung.] Hier hat man also reichlich Potential für individuelles und gemeinsames Wachstum. Aber auch ggf. ein Problem, gerade wenn Sie selbst mit einem hohen Kodependenzgrad auf einer gedachten Skala zu tun haben oder hatten: „Kodependente entwickeln eine Art Antenne für die Kodependenz anderer. Eine Person mit einem Wert von etwa 80 auf unserer Skala wird sich untrüglich mit jemanden zusammenfinden dessen Wert ebenfalls zwischen 75 und 90 liegt. Stellen Sie sich einen Ballsaal mit zweihundert Menschen vor. Einer hat den Wert 85; alle anderen liegen unter 20. Ein Kodependenter mit dem Wert 80, der den Raum betritt, wird den anderen Kodependenten untrüglich in der Menge ausfindig machen und geradewegs auf ihn zugehen."[82]
In einem meiner Lieblingszitate von Krishnamurti sagt er: „Ich existiere nur in Beziehung zu Menschen, Dingen und Ideen, und indem ich meine Beziehung zu den äußeren Dingen und Menschen wie auch zu den inneren Dingen untersuche, fange ich an, mich zu verstehen. Jede andere Form des Verstehens ist nur eine Abstraktion[...]"[83] Das positive an einer Partnerschaft ist, dass in der

Regel ihr Partner Ihnen sehr deutlich spiegelt, was Sie wirklich können und was nicht, und er bringt (auch unbeabsichtigt) Ihre wunden Punkte zu Tage, so dass Sie sehen können, woran es noch zu arbeiten gilt. In einer Partnerschaft kann man gewissen Erkenntnissen und unangenehmen Zugeständnissen an den Ist-Zustand viel schlechter ausweichen, als wenn man alleine lebt. Dort ist das Ausweichen einfacher, unangenehmen Dingen kann man leichter aus dem Weg gehen und sie erst einmal wegschieben. Eine Partnerschaft kann Sie also im persönlichen Wachstum wirklich voranbringen, denn Deklarationen, was man denn nicht alles sei, haben eine kurze Halbwertszeit in einer Beziehung, wenn sie nicht der Wirklichkeit entsprechen.

Andererseits ist eine Partnerschaft umso anfälliger dafür, dass man den status quo erhält, um auf Krampf sich Dinge über sich selbst nicht eingestehen zu müssen. Hier ist auch der Punkt, warum Sie ggf. gerade von Ihrem Partner oder Nahestehenden keine Unterstützung erfahren: Sie treffen (unbewusst) einen wunden Punkt des Gegenübers, auf den es nicht sehen will. Sie verändern Ihre Rolle im System und es wird unbequem für Ihren Partner, denn bisher haben Sie in einer bestimmten für ihn angenehmen Weise funktioniert. D.h. eine Partnerschaft kann Sie (wenn Sie nicht im Zweifel auch dem Druck des Partners standhalten können) an Ihrer Entwicklung hindern. Was uns zum nächsten Punkt führt.

4.   Den Weg der persönlichen Entwicklung geht man allein

Ganz gleich wie die Lebensumstände sind. De Mello fasste es so schön zusammen: „Der Weg des Erleuchteten ist einsam." Und das ist wahr. Es wirkt im ersten Augenblick vielleicht erschreckend, denn wir haben doch alle das Bedürfnis nach Liebe, Anerkennung und Zugehörigkeit und Sicherheit. Diese Bedürfnisse habe ich hier auch beschrieben. Nur es gibt einen Unterschied zwischen einer abhängigen Beziehung und gesunder Wechselseitigkeit. Wenn Sie nicht bei sich selbst sind haben Sie keine „Freiheit der Wahl".[84] Die größte Entdeckung ist, wenn Sie niemanden zu irgendetwas „brauchen", weil Sie bei sich sind, und sich selbst genug, dann erst kommen Sie in die Verlegenheit, Ihr

Gegenüber zu genießen um seiner selbst willen. Für heute möchte ich mich von Ihnen mit einem Text verabschieden, der an meinem Kühlschrank pinnt (gleich unterm Hochzeitsfoto übrigens;) Was uns zum nächsten Thema bringt: Liebe und glückliche Beziehungen. Der Text fasst kurz und sehr anschaulich, wie persönliche Entwicklung funktioniert:

Der Weg
Ich gehe die Straße entlang.
Da ist ein tiefes Loch im Gehsteig.
Ich falle hinein.
Ich bin verloren ... Ich bin ohne Hoffnung.
Es dauert endlos, wieder herauszukommen.
Ich gehe dieselbe Straße entlang.
Da ist ein tiefes Loch im Gehsteig.
Ich tue so, als sähe ich es nicht.
Ich falle wieder hinein.
Ich kann nicht glauben, schon wieder am gleichen Ort zu sein.

Aber es ist nicht meine Schuld.
Immer noch dauert es sehr lange, herauszukommen.

Ich gehe dieselbe Straße entlang.
Da ist ein tiefes Loch im Gehsteig.
Ich sehe es.
Ich falle immer noch hinein ... aus Gewohnheit.
Meine Augen sind offen.
Ich weiß, wo ich bin.
Es ist meine eigene Schuld.
Ich komme sofort heraus.

Ich gehe dieselbe Straße entlang.
Da ist ein tiefes Loch im Gehsteig.
Ich gehe darum herum.

Ich gehe eine andere Straße.[85]

III. GLÜCKLICHE BEZIEHUNGEN

KAPITEL 31

VON GLÜCKLICHEN BEZIEHUNGEN

„Diesmal wird alles anders", „Sie/er ist der Richtige." So fängt es an, und weiter gehen die Überlegungen meistens nicht. Gelegentlich entsteht der Eindruck, eine dauerhaft glückliche Beziehung ist wie ein Einhorn, man hört von jemanden, der jemanden gekannt hat, der wiederum von jemand anderes über ein glückliches Paar das 50 Jahre zusammen war und sich dabei immer noch liebte, gehört hat. Was nicht erzählt wird, ist wie die es gemacht haben, und ob das auf alle Beziehungen extrapoliert werden kann, damit auch wir glücklich bis ans Ende unserer Tage werden können. Es hat mich zum Nachdenken gebracht, denn auch ich habe offen gestanden noch nie systematisch und präventiv über Konflikte in der Partnerschaft, bzw. das praktische Führen einer gescheiten Partnerschaft nachgedacht. Tiefer als bis zu den klassischen Schlagworten wie: „Verantwortung, Respekt, Achtung, Loyalität, Liebe, Intimität, Offenheit, Vertrauen, Nähe, gemeinsames Wachstum (als Individuum und als Paar), Verständnis füreinander, Freiheit der Wahl, Verlässlichkeit und Geborgenheit und Freude, die man teilt." – bin ich auch nicht gekommen. Wie sich das im Alltag gestaltet und zeigt, und in akuten Fällen angewendet werden sollte, so tief gingen die Überlegungen nicht. Und dann kommt noch etwas hinzu, woran wahrscheinlich die wenigsten bewusst beim eingehen einer Partnerschaft denken, und noch weniger darüber, was es eigentlich wirklich bedeutet (ich weiß dass ich mich hier wiederhole):
Man bekommt genau den Partner, der die eigenen Schwächen bedient. Die milde Form des unglückliche Kindheit wiederholen und wiederherstellen wollen in neuer Beziehung. Denn unreflektiert wiederholen wir das bisher Bekannte, und das ist meist die Reproduktion des Beziehungsgeflechtes aus dem Elternhaus, mit den bekannten Rollen, Verhalten und dem gewohnten Glücksniveau (das hat in der Hochverliebtheitsphase kurz Pause).

Ferner scheint es in unserer Kultur zumindest üblich zu sein, vielleicht wegen der Gehirnwäsche durch die ganze Musik - und Filmindustrie, sein Gehirn im Namen der großen Liebe, die einen überkommt und überwältigt und gegen die man nichts tun kann, einfach wegzuwerfen.

In kürzester Zeit wird einem völlig Fremden von der Straße nicht nur der Schlüssel zum Haus, und der Zugang zu materiellen Gütern und Geld, zum eigenen Körper sowie sehr persönlichen Informationen, sondern auch noch die Kontrolle über die eigenen Emotionen übergeben.

Dabei erklären uns Psychologen, hier ein Zitat aus „Gefühle verstehen Probleme bewältigen"*, dass das mit der Liebe sich ganz anders verhält:

„Liebe ist ein Gefühl, das Sie für jemanden empfinden, der Ihnen das gibt, was Sie möchten. [...] Eine Partnerschaft oder Ehe ist mit einer Firma vergleichbar. Die Partner betreiben die Firma gemeinsam, weil sie sich davon mehr versprechen als alleine. Ziel ist es, die Firma so zu leiten, dass beide Partner gewinnen und die Firma sich für beide lohnt. Beide Partner haben ihre eigenen Interessen und Vorstellungen, wie die Firma geleitet werden sollte. So erwartet sie von ihm, dass er seinen Pflichten und Aufgaben nachkommt, und er erwartet von ihr, dass sie ihren Pflichten und Aufgaben nachkommt. Erfüllt einer von beiden die Erwartungen nicht, dann tritt der andere in den Streik. Er kämpft dann um die Einhaltung und Wahrung seiner Interessen. Gibt der andere nicht nach oder kommt es zu keinem Kompromiss, dann droht die Kündigung bzw. Auflösung der Firma."[86] Und betrachten wir den Verlauf der meisten Beziehungen, dann fängt es überwältigend und magisch an, und endet mit Auflösung der Firma. Sind wir also alle depperte Buchhalter, die sich verkalkuliert haben?

Etwas Wahres ist dran:

in unserem Kulturkreis sind wir meist emotionale Analphabeten, wenn wir unser Elternhaus verlassen, und wenn Ihr Partner Sie permanent wie Scheiße behandelt, dann wäre es an der Zeit, keinen Rekord in Duldsamkeit und Selbstaufgabe aufzustellen; eine Beziehung darf keine Einbahnstraße sein. War es das also: haben wir einen idealisierenden und überemotionalisierten Blick auf den einfachen Austausch von Gütern und Dienstleistungen? Ich glaube ganz so einfach ist es nicht, denn zum einen glaube ich, dass Liebe ein Gefühl ist, aber auch ein Willensakt sein kann, und dabei immer ein Geschenk, man kann sie nicht erzwingen. Und sie ist nur in unserem Kopf: „Liebe ist ein Gefühl wie jedes andere Gefühl. Sie schaffen es sich selbst, indem Sie sich liebevolle und positive Gedanken über Ihren Partner machen."[87] Da bin ich mir mit den Psychologen einig ;) Das bedeutet aber auch, dass sie teilweise vom reinen Verhalten meines Partners entkoppelt ist, und erklärt damit vielleicht, warum Menschen länger in etwas verweilen, was ihnen nicht gut tut. Man kann sich Menschen offenbar nicht nur „schöntrinken" (das können Männer nachweislich besser), sondern auch „schöndenken" (Raten Sie mal wer das besser kann, ich kenne hierzu aber keine wissenschaftliche Studie). Da wir aber jetzt wissen, dass Liebe etwas ist, über das rational nachgedacht werden kann, und das von uns aus ausgeht, wäre es gut, sich konkret darüber Gedanken zu machen. Noch eine Kleinigkeit vorweg - dazu fällt mir der wunderbare Spruch ein, dessen Quelle mir aber nicht mehr einfallen will: „Ich hatte eine wunderbare Ehe, bis mein Mann sich eingemischt hat." Bei allen Betrachtungen hier ist es wichtig nicht zu vergessen, dass Sie um in glücklicher Beziehung zu sein, einen Partner brauchen, der das genauso will und sich seinerseits entsprechend darum bemüht. Ansonsten können Sie sich auf den Kopf stellen, oder wie ein Huhn gackern, es wird nichts nützen, wenn er dauerhaft nicht mitmachen will.

Ich nehme die bisherigen Betrachtungen zum Anlass, mal eine Konstitution einer glücklichen Partnerschaft zu formulieren. Steven Covey empfiehlt das in seinem Buch „7 Wege zur Effektivität", dann hätte man genau in den Fällen etwas zum daran festhalten, wenn man es dringend braucht und einem nichts Kluges einfällt. Außerdem trifft man Entscheidungen dann überlegt und in Ruhe und nur einmal. Ganz effektiv also...

Einen Grundsatz habe ich, als eine Art Basisgrundsatz – fällt mir auf. Ich bestehe darauf, eine möglichst glückliche und erfüllte und liebevolle Partnerschaft zu führen als Standard, und es nicht drunter her zu akzeptieren. Das beinhaltet natürlich auch, dass der Partner nicht nach dem Motto „Besser einer als keiner" in die Beziehung gefunden hat. Der Grundsatz scheint richtig zu sein, denn bei Gottman (ein wahrer Gott unter den Forschern der Ehekonflikte) lesen wir: „Die Paare, die sich in ihrer Ehe mit negativen Erfahrungen arrangierten (Gereiztheit, emotionale Distanz), waren fünf Jahre später weniger zufrieden und glücklich. Diejenigen, die sich weigerten, negative Aspekte zuzulassen, die darauf bestanden, sanft miteinander zu streiten, wenn zum Beispiel Verachtung oder Rechtfertigung [mit Kritik und Mauern die vier Reiter der Apokalypse in einer Beziehung laut Gottman] ihre Beziehung zu durchdringen drohten, waren später glücklicher und zufriedener." [88]Das wär's für den Anfang. War das eine Buchhaltung, haben wir jetzt Qualitätssicherung : D

KAPITEL 32

VERANTWORTUNG UND GLÜCK SIND SYNONYME

Verantwortung für sich selbst zu übernehmen ist grundlegend wichtig für eine glückliche Beziehung, eine conditio sine qua non. Da Selbstliebe gern falsch verstanden wird, sagen wir: realistische Selbstannahme, die mitfühlend ist, dadurch aber Klarheit über sich selbst zulässt, so wie man wirklich ist mit seinen Stärken, Schwächen, und alten Verletzungen, die nachhallen. Ein Selbst-Bewusstsein, wie man selbst funktioniert, wo die wunden Punkte liegen und ihre Geschichte, die uns hilft, ein echtes Selbst-Verständnis zu erlangen. Selbst-Fürsorge, indem uns klar wird, was wir wollen und brauchen und die Selbst-Wirksamkeit für uns selbst zu sorgen. Scheiße viel „Selbst" in einem Kapitel über Paarbeziehungen? Mitnichten. In „Mut zur Liebe" heißt es an einer Stelle so schön, wenn ein halber Mensch einen halben Menschen trifft, dann gibt das kein Ganzes, Liebe ist keine Addition, es wird multipliziert (das macht dann ¼, also weniger als vorher). Außer in der Verliebtseinsphase (Achtung noch keine Liebe!!!) kann kein anderer Mensch dafür sorgen, dass Sie sich besser

97

fühlen, und dies geschieht eigentlich durch Ihre Projektionen auf den Partner und den Hormonrausch. Das vergeht, und niemand kann das auf Dauer aufrechterhalten, dass Sie sich glücklich fühlen, außer Ihnen. Und mit Rainer Tschechne gesprochen, wir haben so eine Art Glücksbasislinie (aus der Kindheit, klar) zu der wir immer wieder zurückkehren, wenn wir uns nicht bewusst selbst! darum bemühen, diese anzuheben.[89] Im Klartext: wenn Sie selbst unglücklich sind, wird Sie eine Beziehung dauerhaft nicht glücklicher machen. Sie wird ihre Sorgen mit sich noch dazu bringen. Wenn Sie glücklich sind, wird eine Beziehung Sie glücklich(er) machen oder auch nicht. Das hängt von der Beziehung ab.

Wenn Sie in einer Beziehung sind, dann kommt die Verantwortung für den Partner hinzu. Wie verträgt sich das mit dem vielen „selbst" da oben? Ganz einfach, je mehr Sie sich wirklich verstehen und je besser Sie mit sich selbst klarkommen, und für sich sorgen können, desto bereichernder/einfacher/schöner wird es für Ihren Partner, mit Ihnen in einer verbindlichen Partnerschaft/ oder Ehe zu sein. Stellen Sie sich vor, sie würden sich selbst nicht leiden können, permanent Jammern und Klagen, zur extremen Eifersucht neigen, respektlos sein und nicht loyal, oder gar Drogen nehmen, oder sich gern betrinken und ausfallend werden, gern fremdgehen, oder Sie würden ihr ganzes Geld verzocken, oder Konsumschulden anhäufen, oder Ihre Charakterfehler ignorieren   anstatt an ihnen zu arbeiten, und Versprechen nicht einhalten - das alles sind Dinge, die jemanden, der mit Ihnen das Leben teilt, das Leben sehr schwer machen können. Sie müssen die Verantwortung für IHR den Partner (und sie selbst) schädigendes oder verletzendes Verhalten übernehmen.

Wie Sie sehen ergibt sich daraus, dass Sie sogar bevor Sie eine Beziehung eingehen, sehr viel dafür tun können, dass diese glücklich sein kann, indem Sie an sich selbst arbeiten. So Gott will treffen Sie dann jemanden, der ein Stück dieses Weges auch hinter sich hat.

Denn mit einem Partner kommt auch seine Vergangenheit und seine alten Geschichten dazu, mit denen Sie sich auseinandersetzen müssen, und schauen, ob Sie diese annehmen können, oder eben auch nicht. Ich denke der Grund, warum Verliebte sich stunden- oder gar tagelang voneinander erzählen, liegt in dem Wunsch vom Gegenüber absolut verstanden und mit allem angenommen zu werden. Sie wollen einander vertrauen und die besten Freunde sein. Problematisch wird es, wenn der Partner eindeutig Dinge getan hat, die Sie moralisch überhaupt nicht akzeptieren können (und seien wir ehrlich: tolerieren reicht für eine Beziehung nicht aus), oder wenn der Partner ein wandelndes Problembündel ist, und diese Probleme mitnichten abgeschlossen sind (Vorsicht auch bei Drogen, Alkohol, Spielsucht oder sonstigen Süchten). Schwierig wird es auch, wenn Ihr Partner sich seiner Vergangenheit nicht stellt, und in die Verdrängung geht, denn dann baden Sie die daraus immer wieder neu auftauchenden Probleme mit aus. Noch schwerer wird es, wenn der Partner noch emotional in alten Beziehungen verstrickt ist (sei es zu Eltern oder zum Expartner). Schwierig sind aber auch Expartner, die nicht begreifen, dass Schluss ist und unter allen erdenklichen Vorwänden Kontakt erzwingen wollen, denn dann werden Sie dadurch leider zur Gegenwart der Beziehung - hier sind klare Grenzen sehr wichtig. Wenn Kinder aus Vorbeziehungen im Spiel sind, sollte die Liebesbeziehung zum Expartner klar abgeschlossen sein, und die Verantwortung für die Kinder auf jeden Fall übernommen werden. Die können nichts dafür und brauchen in der Regel beide Eltern. Vorsicht ist bei „noch" verheirateten geboten, die sich „bald" scheiden lassen werden. Schnell gibt man da ewig die zweite Geige.

Gerade in der Anbahnungsphase geben Menschen (und hier vor allem Männer) sehr viel über sich preis (wenn sie nicht gerade pathologische Hochstapler sind, das verifiziert man nur mit der Zeit im direkten Abgleich von Erzählen und Handeln). Dummerweise ist die Frau, anstatt genau zuzuhören und sich zu überlegen, was das genau bedeutet, was der Mann da sagt, zu sehr damit beschäftig zu überlegen, wie sie aussieht und ob sie ihm wohl gefällt. Anstatt darüber nachzudenken, ob ihr ihr Gegenüber eigentlich gefällt, und ob das, was der Mensch dort erzählt ein weiteres Date sinnvoll erscheinen lässt, liegt der Fokus auf ganz falschen Dingen. Man ist zu sehr mit sich und der eigenen Wirkung beschäftigt, als sich zu fragen: was für ein Mensch sitzt da eigentlich vor mir? Was für Werte hat er, was ist ihm wichtig? Passt sein Verhalten dazu? Wie verhält er sich z.B. dritten Gegenüber oder spricht er abfällig über andere?   Henry Cloud empfiehlt in seinem Single-Ratgeber sich u.a. auch die folgenden Fragen zu stellen: „ Welche Eigenschaften erkennst du in der Person, die du, wenn du in einer verbindlichen Beziehung wärst, entschieden ablehnen würdest?" Und „Erinnert diese Person dich an jemanden aus deiner Vergangenheit? – ist das gut oder schlecht?".[90] Und die wichtigste Frage, die ich noch hinzufügen möchte ist: „Bleibst du du selbst, oder verbiegst du dich, um zu gefallen?" Falls das so ist, dann rate ich, sich die Kapitel zur persönlichen Entwicklung nochmal durchzulesen. Der Mangel an Authentizität führt dazu, dass man die falschen Personen anzieht. „Authentizität zieht Authentizität an, wie die Ganzheit die Ganzheit" sagt Cloud.[91] Das passiert häufig Frauen, aber auch Männern, dass sie (auch wenn sie sonst im Umgang souverän sind) im Datingkontext plötzlich „wenn es um etwas – genauer: um die Liebe – geht" ganz anders agieren als sonst. Hier sollte ein Warnblinklicht aufleuchten und auf sich selbst geschaut werden (dringend !!!), gerade wenn das Gegenüber in Ihnen starke Gefühle auslöst, besonders wenn Sie bemerken, dass Sie für einen frisch kennengelernten Menschen zu verfügbar sind, oder sich von ihm emotional abhängig fühlen, und er Sie stark beeinflussen kann. Es gibt diesen tollen Ausspruch: „Folge deinem Herzen, aber vergiss das Hirn nicht." Im Falle der Beziehungsanbahnung ist es enorm wichtig, Werten Vorrang vor Gefühlen zu geben. Kein „Für mich wird er sich ändern.", „Der meint das sicherlich nicht so..." oder „Sie braucht unbedingt meine Hilfe, nur ich kann ihr helfen." – leider verwechseln beim Dating nämlich auch viele häufig „problematisch" mit „interessant" und lassen sich in sehr ungesunde Beziehungen reinziehen. Wenn Sie bei den ersten Dates schon Rauch sehen, dann laufen Sie. WEG. Ende. Gehen Sie nicht gucken, ob es wirklich brennt oder ob wie doll. Das kann sehr viel Unheil und Leid ersparen. Steve Santagati rät in seinem Buch „Mannual" eine Dealbreaker-Liste zu machen. Schriftlich. Um in Gefühlsverwirrungen, wie sie nun mal entstehen können, eine klare rationale Richtschnur und Entscheidungsgrundlage zu haben. Er sagt es ganz deutlich: „Du musst bereit sein, einfach zu gehen, wenn der Deal nichts taugt. Wenn du das jetzt schon schwer findest, dann überleg dir mal, wie hart es nach einer monate- oder jahrelangen verkorksten Beziehung wird. […]

Wenn du deine Regeln/Standards infrage stellen musst, lass den Deal lieber platzen!".[92] So übernehmen Sie auch Verantwortung für Ihr Glück und Wohlergehen. Wie Sie das gemeinsam mit jemanden in einer Beziehung machen kommt in den nächsten Kapiteln.

KAPITEL 33

POSITIVITÄT - WAS WEISE MÄNNER ZUM THEMA GLÜCKLICHE BEZIEHUNG SAGEN (WIE ES SICH BEIM SCHREIBEN RAUSGESTELLT HAT)

Im Falle einer Beziehungsanbahnung war es angeraten, zu sehen, dass Sie im Verliebtseinsrausch Ihre Werte nicht vergessen, und besonders auf sich achten, wenn aus der Beziehung Ernst wird. Denn der Moment, in dem es anfängt für Sie „um Etwas, bzw. die Liebe" zu gehen, kann es passieren, dass auch wenn Sie ein gefestigter Single waren, nunmehr alte Beziehungsverhaltensmuster (natürlich auch aus der Kindheit erlernt und in späteren Beziehungen ggf. gefestigt) anspringen, und Sie auf eine harte Probe stellen. Solange Sie keine neuen etabliert haben, werden die alten unweigerlich automatisch anspringen (!). Das gemeine daran ist, dass es unbewusst und unmerklich geschieht. Sind Sie in der Anbahnungsphase noch souverän bei sich, kann sich alles ändern, sobald es für Sie „wichtig" wird. Achten Sie in der Zeit besonders auf sich. Ich wiederhole mich hier vielleicht, aber das ist besonders wichtig und da es schleichend und dadurch meist unbemerkt geschieht, ist es besonders tückisch.

Jetzt wollen wir aber bestehende Beziehungen betrachten, die wo der herbeigesehnte, einzig Wahre, liebste und beste besondere Mensch... ja was eigentlich? Im Alltagsstress zu einer zusätzlichen nervigen Belastung verkommen ist? Zu dem Typen, der sich nie die Fußnägel schneidet, und ständig den Müll „vergisst." Zu der Tuse, die ewig rumnölt, und nicht zufrieden ist, und praktisch nie aufhört zu reden?

Da war doch mal was: „ Während frisch verliebte Paare [...] Alltagsinteraktionen in der Regel sehr positiv gestalten, aufmerksam, interessiert, fürsorglich, unterstützend und verstärkend gegenüber dem Partner sind, verlieren sich diese Nettigkeiten im Verlauf der Partnerschaft häufig, insbesondere unter Stress."[93] Und wenige Zeit später sieht es leider besonders übel aus, für den vermeintlich wichtigsten Menschen: „ Stress reduziert nachweislich positive Verhaltensweisen im Alltag, und dies am stärksten in der Partnerschaft oder Familie. In keinem anderen sozialen Zusammenhang erlauben es sich Menschen so sehr, ihre Höflichkeit außen vor zu lassen, wie in Paar- und Familienbeziehungen, Hier zeigt man sich sehr viel kritischer, unwirscher, gereizter und ungehaltener. Hier erlaubt man sich Verhaltensweisen, die man sich öffentlich zu zeigen nie getrauen würde."[94]

Dabei sollte die Partnerschaft aber eigentlich der Ort sein, „an dem man sich gegenseitig öffnen und in intimer Weise über Gefühle und Erfahrungen sprechen kann. Dieser emotionale Austausch bildet nicht nur die Grundlage für eine tragfähige Partnerschaft, sie ist auch Ausdruck einer exklusiven Beziehung, wie sie nur eine enge Partnerschaft darstellt. Mehrere Studien zeigen, dass der Beziehungspartner die wichtigste Bezugsperson ist und auch enge Freunde und Freundinnen diesen Stellenwert als Unterstützungsressource nicht annähernd erreichen. Meist ist der Partner die einzige Person, der gegenüber man sich, bei entsprechender Qualität der Beziehung, bedingungslos anvertrauen und bei der man die Unterstützung finden kann, derer man bedarf."[95]
Bei Gottman klingt das so: „ Freundschaft hält die Flamme der Liebe am Brennen. [...] Und das „Überwiegen positiver Gefühle"[ist der Liebe auch sehr zuträglich]. Die positiven Gedanken, die sie füreinander und ihre Ehe hegen, sind so überzeugend, dass sie schwerer wiegen als die negativen Gefühle. [...] Sie gehen davon aus, dass ihr Leben miteinander erfolgreich verlaufen wird, und entscheiden sich im Zweifel immer für die eheerhaltende Lösung."[96]

Sie erinnern sich vielleicht, das Thema war Qualitätssicherung ;) Das oben geschilderte kommt Ihnen total utopisch und idealistisch vor? Könnte es auch an Ihnen liegen?

Hier noch ein Statement von Christian Thiel, zum Thema „Glückliche Beziehung", das genau das hinterfragt: „ Falls Sie nicht positiv über Ihren Partner oder Ihre Partnerin denken, dann sollten Sie ernsthaft überlegen, ob Sie in der richtigen Beziehung sind. Das ist eine Möglichkeit, es gibt noch eine zweite. *Gut möglich, dass Sie schlicht abseitige Vorstellungen von der Liebe haben. Viele Paare haben das. Sie glauben, es sei möglich den Partner unentwegt zu kritisieren und genauso häufig schlecht über ihn zu denken – und gleichzeitig ein liebendes Paar zu sein.* Das ist ein verhängnisvoller Irrglaube. Viele Paare bezahlen ihn mit dem Verlust ihrer Liebe." [97] Was also tun?

Hierzu noch ein Mann – voll der Herrenclub heute - jetzt Arnold Retzer in „Lob der Vernunftehe". Im Kapitel ‚Illusionen erzeugen Realität' schreibt er: „Positive Illusionen verändern beide Partner. Wenn wir an anderen die guten Seiten sehen, hat das direkte Auswirkungen auch darauf, wie wir uns selbst sehen und fühlen. Es ist ganz einfach angenehm, anzunehmen, man habe den idealen Partner!" Und jetzt kommt das Beste: „ Andererseits nimmt der Partner mit der Zeit das Bild an, das man sich von ihm macht. Irgendwann glaubt man dann selbst, dass man so schön und großzügig und witzig ist, wie der andere glaubt, und tut alles um dieses Bild zu bestätigen. Die Illusion kann in der Ehe also auch Realitäten erzeugen."[98] (Achtung! Kapitale Arschlöcher und Narzissten ausgenommen, lesen Sie hierzu die ersten Kapitel des Blogs) Realitäten zu erzeugen gelingt Illusionen besonders gut in der Ehe: „ Vergleicht man die Zuschreibung von Stärken und positiven Eigenschaften, die enge Freunde und Ehepartner vornehmen, so zeigt sich, dass zufriedene Paare mehr an ihren Partnern finden als selbst enge Freunde. Allerdings sehen bei den unzufriedenen Paaren die Partner auch mehr Negatives aneinander, als enge Freunde das tun. Paare ziehen also die Grenzen sowohl für positive wie für negative

Illusionen weiter als andere. Sie übertreiben im Positiven wie im Negativen."[99]

Jetzt wissen Sie, wie der „beste tollste und liebste Mann der Welt" und „beste schönste und tollste Frau der Welt" zustande kommt, und dazu noch ehrlich gemeint ist. Und das obwohl es alldieweil 7,67 Milliarden Menschen auf der Welt gibt. Es beginnt in Ihrem Kopf. In dem was Sie denken, was Sie sagen, wie Sie sich verhalten und natürlich wie Ihr Gegenüber damit umgeht. Das Zauberwort ist Positivität. Gottman führt dazu aus: „ Zuneigung und Bewunderung sind zwei der wichtigsten Bestandteile einer erfüllten und langwährenden Beziehung. Auch wenn glücklich verheiratete Paare manchmal über die Macken ihrer Partner verzweifeln möchten, fühlen sie doch immer noch, dass der Mensch, den sie geheiratet haben, es wert ist, geehrt und respektiert zu werden."[100] Und Thiel stellt fest: „ Die meisten Beziehungen laufen ganz ohne Zweifel aus dem Ruder, weil es in ihnen an Anerkennung, Wertschätzung und Respekt fehlt. Beide Partner sind emotional extrem mangelernährt. Es fehlt ihnen – ein gutes Wort."[101]

Und wie das so geht, mit den guten Worten, lesen Sie im nächsten Kapitel – talk nice to me.

KAPITEL 34

TALK NICE TO ME

Wenn Ihr Partner Sie sarkastisch ankeift, dann ist das seine Unreife. Wenn Sie genauso zurückkeifen, dann beginnt genau da Ihre. Eins der grundlegenden Geheimnisse einer gelungenen Kommunikation ist nichts weiter „[…] als gute Manieren an den Tag zu legen. Das heißt, seinen Partner mit demselben Respekt behandeln, den man Fremden gewährt. […] Und der hat keineswegs gelobt, sein Leben mit Ihnen zu verbringen."[102]So, dann ist alles klar. Nicht ganz fürchte ich. Denn Reden ist schwer, so sind wir z.b. selten sind im Dialog, Diese traurige Wahrheit kann man im Emotion Selling von Gerhard Bittner nachlesen, er kommt zum folgenden Ergebnis: „Menschen reden wenig *miteinander.*"[103] Und Marshall Rosenberg packt noch was drauf: „Bei meinem Studium der Frage, was uns von unserer einfühlsamen Natur entfremdet, habe ich spezifische Formen der Sprache und Kommunikation identifiziert, von denen ich glaube, dass sie zu unserem gewalttätigen Verhalten uns selbst und anderen gegenüber beitragen. Mit dem Begriff „lebensentfremdende Kommunikation" meine ich diese Kommunikationsformen.[2104]

Und ja genau, wir lernen vorwiegend diese. Beispiel gefällig?: „Je mehr wir in der Vergangenheit anderen Vorwürfe gemacht, sie verdächtigt, bestraft oder ihnen Schuldgefühle aufgeladen haben, weil sie auf unsere Bitten nicht wunschgemäß reagierten, desto höher die Wahrscheinlichkeit, dass unser Bitten jetzt als Forderungen wahrgenommen werden. Wir bezahlen auch dafür, wenn sich andere solcher Taktiken bedienen. Je massiver den Menschen in unserem Leben Vorwürfe gemacht, sie bestraft oder dazu gedrängt wurden, sich schuldig zu fühlen, weil sie nicht das getan haben, was andere von ihnen wollten, desto wahrscheinlicher werden sie diese Last in ihre weiteren Beziehungen hineintragen und in jeder Bitte eine Forderung hören."[105] Ich denke, die meisten finden sich in dieser Art der Kommunikation wieder. Ob es eine Bitte war, zeigt sich übrigens an der Reaktion, wenn sie abgelehnt/ nicht erfüllt wurde.

Wenn es den Menschen bewusst wäre, wie viel Schaden ihr unreflektiertes Gerede anstellt, würden sie öfter einfach den Mund halten. Der Schaden der entsteht ist psychisch, aber auch körperlich, und das ist sogar messbar: „So löst beispielsweise ein negativ assoziiertes Wort wie das Wort „Problem" immer und ohne Ausnahme im Körper eines Menschen eine messbare Stressreaktion aus. Durch die Aktivierung der Stresshormone bedeutet das eine Schädigung des Organismus. In der Medizin gilt es heute durch valide Studien als bewiesen, dass negative Kommunikation psychologische Abwehrreaktionen und Vermeidungsreaktionen hervorruft."[106]

Das hat eine große Bedeutung für Gespräche in Beziehungen: „ Mit jeder Sekunde Kommunikation im negativen Gefühlszustand wächst leider des Konto der negativen Emotion im Kopf des Partners. *Dabei zählen besonders die Kleinigkeiten.* Wenn die abendliche Begrüßung von „Ich freue mich, dich zu sehen" (positiver Emotionswert) des Öfteren zu „Bist du auch schon da?" (negativer Emotionswert) wechselt, dann erkennt das Gehirn den Vorwurf dahinter und gibt den Suchbefehl: Suche mir alle unfreundlichen Begrüßungen mit vorwurfsvollem Unterton. Unsere Untersuchungen haben gezeigt, dass wir pro Tag im Durchschnitt 500 negative Bemerkungen hören. Die Kosten-Nutzen-Theorie der sozialen Interaktion beschreibt jetzt, dass sich durch die *größere Häufigkeit und stärkere Wirkung negativer Kommunikation der Kontakt zum anderen zunehmend weniger lohnt.* Das positive Gefühl wird einfach immer weniger. Wir sprechen von Abnutzungskommunikation. Abnutzungskommunikation bedeutet: Wenn Beziehungen, ob privat oder beruflich, durch die überwiegend negative Kommunikation, durch negative Bemerkungen, das Erzählen von Ärgernissen und Problemen, Meinungsverschiedenheiten und vielem anderen von Tag zu Tag schlechter werden. Dieser Prozess führt auf Dauer oft zum Ende des Kontakts und der Beziehung."[107]

Sie können also das Ende Ihrer Beziehung durch Banalitäten herbeireden. Schneller geht es, wenn Sie Kritik üben. Ich sage es gerne sehr deutlich: Kritik ist scheiße und nutzlos obendrein, wenn es darum geht, Veränderungen zu bewirken, aber sehr effektiv, um die Kluft untereinander zu vergrößern und eine gewaltige Schippe Negativität auf das Beziehungskonto aufzuladen. Sie können nur Ihr Verständnis für das Verhalten des Partners ausdrücken, und ihn um Dinge bitten. „[...] es ist der einzige Ansatz, der funktioniert. Es ist einfach eine Tatsache, dass Menschen sich nur verändern können, wenn sie fühlen, dass man sie grundsätzlich so liebt und akzeptiert, wie sie sind. Wer sich kritisiert, ungeliebt und unerwünscht fühlt, der kann sich nicht verändern. Stattdessen fühlt er sich unter Druck gesetzt und konzentriert sich darauf, sich zu verteidigen."[108]

Ich hoffe sehr, dass Sie es in Anbetracht dieser Tatsachen es öfter bevorzugen werden, gerade und besonders wenn Sie nichts Nettes zu sagen haben, den Mund zu halten, Ihrer Beziehung zuliebe. Für unseren Kulturkreis bedeutet es, Kommunikation komplett neu zu lernen. Bittner zeigt in seinem Buch auf, dass das Verhältnis Kritik: Lob bei 90:10 liegt[109], und Gottman ist mit der 5:1 Formel bekannt geworden, dass es nämlich 5 Mal Lob braucht, um 1 Mal Kritik aufzuwiegen. Negatives wiegt viel schwerer und die meisten Beziehungskonten längerer Beziehungen dürften schon allein aufgrund negativer Kommunikationsgewohnheiten tendenziell ein Minus aufweisen.

„Für viele Paare zeigt sich ein ungeahnter Unterschied in der Beziehung, wenn sie sich klarmachen, dass sie ihr alltägliches Miteinander nicht als selbstverständlich annehmen sollten. Vergessen sie nicht, dass es für die Festigkeit und die Leidenschaft in Ihrer Ehe mehr bringt, wenn Sie einander tagtäglich helfen, als wenn Sie zwei Wochen auf die Bahamas fahren."[110]

Es ist auch wichtig und hilfreich, sich die folgende Tatsache über Konflikte in Beziehungen vor Augen zu führen: „ Der Psychologe Dan Wile sagte das am treffendsten in seinem Buch: Partnerschaftsprobleme-kein Problem: > wenn Sie sich einen Partner fürs Leben wählen (…), dann werden Sie zwangsläufig auch eine bestimmte Anzahl unlösbarer Probleme wählen, mit denen Sie dann die nächsten zehn, zwanzig oder fünfzig Jahre zu kämpfen haben werden.< Ihre Ehe ist so lange erfolgreich, wie die Probleme, die Sie wählen, solcherart sind, dass Sie damit umgehen können."[111] „[Selbst] Neurosen müssen eine Ehe nicht zwangsläufig zum Scheitern bringen […] Wenn Sie die jeweils befremdlichen Seiten des anderen akzeptieren und mit Fürsorge, Zuneigung und Respekt damit umgehen können, dann wird Ihre Ehe Bestand haben."[112]

Die Probleme beginnen erst, wenn Sie das Verhalten des Partners als Bedrohung für die Beziehung wahrnehmen, und er sich standhaft weigert etwas zu verändern. Hier gilt es, den eigenen Standpunkt deutlich zu machen, auch mit allen Überzeugungen, Ängsten und Empfindungen, und falls dies vom Partner in keiner Form berücksichtigt wird, die Konsequenzen daraus fürs sich zu ziehen. In weniger drastischen Fällen der unlösbaren Konflikte, kann ein solch offenes Gespräch darüber, was in einem zu einem bestimmten Thema vorgeht, und warum das so wichtig ist, dazu helfen, den Partner besser so anzunehmen wie er ist, oder sogar, durch besseres Verständnis für die jeweiligen Motive und Beweggründe des anderen eine teilweise Annäherung zu erreichen, oder aber die Uneinigkeit einfach leichter handhaben zu können. Sie dürfen sich auch uneins sein, und sich trotzdem lieben und respektieren. Die in Kapitel … vorgestellte Trichtermethode ist hilfreich, wenn Sie Klarheit über die verdeckte Ebene eines Konfliktthemas brauchen, dies ist vor allem hilfreich wenn Sie erbittert streiten und selber nicht so ganz verstehen warum. „[Ich kann] Ihnen versichern, dass es bei den meisten Streitgesprächen in Wirklichkeit gar nicht darum geht, ob der Klodeckel herauf-oder heruntergeklappt ist, oder wer dran ist, den Müll rauszutragen. Es gibt tiefere, verborgene Themen, die diese oberflächlichen Konflikte anheizen, und sie viel stärker und verletzender erscheinen lassen, als sie es sonst wären."[113]

Damit Sie besser Konflikte beilegen können, ist es wichtig, ein paar Illusionen, die man bezüglich (meist noch jungen, später kommt es von alleine) Beziehungen haben kann, zum Platzen zu bringen:

-   Ihr Partner wird Sie verletzen
-   Er wird es genau dort tun, wo Sie bereits in Ihrer Kindheit verletzt wurden und die naive Vorstellung entwickelten, dass der/die Eine-Jene/r-Welche/r dies nicht tun würde
-   Ihr Partner wird sich egoistisch verhalten
-   Er wird Dinge, die für Sie von besonderer Bedeutung sind nicht für voll nehmen, weil sie für ihn keine derartige

Bedeutung haben, und er es folglich nicht fühlt und nicht
begreifen kann
- Ihr Partner wird Sie nicht unterstützen in für Sie wichtigen
  Belangen, oder Sie sogar dafür kritisieren oder sich über diese
  lustig machen
- Er wird Sie grundsätzlich kritisieren
- Er wird Sie enttäuschen
- Er wird Dinge, die er versprochen hat, nicht erfüllen oder
  einhalten
- Er wird auf Ihre Bedürfnisse nicht eingehen, sich aber
  lautstark beschweren, wenn Sie seine nicht erfüllen
- Er wird von Ihnen Lob einfordern, und selbst knauserig
  damit sein
- Er wird Ihnen auf den Sack/ die Nerven gehen und Sie zur
  Weißglut bringen
- Er wird in Ihrer Gegenwart furzen
- Er wird dieselbe Geschichte zum hundertsten Mal erzählen

Wenn das eher sehr selten vorkommt, ist mit Ihrem Partner mehr
richtig als falsch. Er ist auch nur ein Mensch. Wie Sie. Und Sie werden
all das auch tun.

Deswegen ist es in der Zeit dazwischen wichtig, sich mit Liebe und
Wohlwollen zu betrachten, sich Zeit füreinander zu nehmen, und auf
den anderen einzugehen, ihm so viel Lob, Liebe und Anerkennung
angedeihen zu lassen, wie Sie nur können. Ist Ihnen mal aufgefallen,
dass sich Menschen, die sich nicht empathisch aufgenommen fühlen,
permanent wiederholen? Ich bin darüber in Rosenbergs GFK
gestolpert, es ist wahr. Achten Sie auf Wiederholungen. Auch im Streit,
da fehlt es Ihrem Partner wahrscheinlich daran, dass Sie ihn mit dem
Schmerz, den (wahrscheinlich Sie) verursacht haben, nicht
angenommen haben. Den Schmerz nicht gewürdigt und anerkannt
haben. Aber erst dann kann er gehen. Das ist eine sehr schwere Übung,
weil wir davon eher weg als da hin wollen, gerade wenn wir der
Verursacher sind. Reden Sie offen miteinander, über was Sie
empfinden, was Sie ängstigt, was Sie brauchen. Vielen ist nicht klar,
was sie eigentlich brauchen, sondern eher was sie nicht wollen.

Manchmal reden wir um des Redens Willen. Da wir gesehen haben, wie schädlich negative Kommunikation ist, fragen Sie sich: brauche ich die Unterstützung und die Empathie meines Partners gerade wirklich, oder lasse ich meine Beziehung zum seelisch-emotionalen Müllabladeplatz verkommen? Kann ich mir selbst helfen?

Wenn Sie merken, dass Sie Ihren Partner brauchen, sagen Sie ihm das. Und wie sie ihn brauchen. Zuhörer, Mitgefühl. Verständnis, Annahme. Ratschläge braucht eigentlich keiner (ich frage mich immer warum die so gern gegeben werden? Um den emotionalen Sermon abzukürzen, und weil man sich in der Pflicht sieht, die Probleme des anderen zu lösen?) Das schafft doch nur ein weiteres Problem. Der Partner fühlt dass Sie nicht „da" sind, und ihn schnell mit „Lösungen" abspeisen wollen. Seien Sie da, hören Sie zu, „nehmen Sie [mit Ihrem Partner] eine „Wir gegen die anderen"-Haltung ein".[114] Seien Sie loyal gegenüber Ihrem Partner. Das ist ein wesentliches Element, Gottman formuliert es hier für die seiner Ansicht nach tatsächlich schwierigste Beziehung (Schwiegermutter vs. Schwiegertochter) wobei ich finde, dass sie für alle anderen Verwandten, Freunde und Bekannten eigentlich alle Menschen gilt: „ [...] man darf nicht vergessen, dass es eine der grundlegendsten Aufgaben der Ehe ist, ein Gefühl des „Wir" zwischen Mann und Frau zu schaffen. Also muss der Mann seine Mutter wissen lassen, dass seine Frau in der Tat an erster Stelle steht."[115] Schmeißen Sie ihr Zusammengehörigkeitsgefühl nicht weg, weil Sie sich irgendwo anbiedern wollen, oder gern „von Außen" Recht bekämen. Sie würden sicherlich nicht wollen, dass Ihr Partner dasselbe tut.

Wenn Sie streiten, und das wir passieren, versuchen Sie sich dabei (!) zu erinnern, dass sie sich eigentlich lieben, und zusammen sein wollen. Suchen Sie nicht den Schuldigen, sondern eine Lösung oder einen Kompromiss. Wenn Sie schon schroff anfangen, die Beschwichtigungen und Besänftigungen Ihres Partners nicht annehmen können, oder gar Kritik, Verachtung und Rechtfertigung Einzug halten, oder einer von Ihnen anfängt zu mauern[116] retten Sie was zu retten ist und machen Sie eine Pause. „Wenn Ihre

Herzschlagfrequenz 100 Schläge in der Minute überschreitet, dann werden Sie nicht imstande sein zu hören, was Ihr Partner Ihnen sagen will, ganz gleich, wie sehr Sie sich bemühen. Legen Sie eine Pause von 20 Minuten ein, ehe Sie fortfahren.[117] Trennen Sie sich räumlich, lenken Sie sich gedanklich ab. Wenn Sie das Haus verlassen, machen Sie eine klare Ansage, wann Sie zurückkommen und vor allem halten Sie sich daran. Akzeptieren Sie, dass Ihr Partner länger braucht, Abstand braucht oder sich noch drei Mal wiederholen muss, bis wieder gut ist. Ich wünsche Ihnen, dass es immer einen im Streit gibt, der es schafft, „der Vernünftigere vom Dienst" zu sein.

Vermeiden Sie es auch, lange mit Ihrem Groll schwanger zu gehen. Die Dinge werden nicht besser, wenn man sie gären lässt. Machen Sie aber auch ganz klare Ansagen. Neulich beschwerte sich eine Frau bei mir darüber, dass Ihr Mann sich völlig über sie hinweggesetzt habe, und es nicht akzeptiert habe, dass sie eigentlich „nein" gesagt hätte. Das Problem war: sie hat es nicht gesagt. Sie dachte, er könne es aus den Zeilen ihres Drumherumredens heraus interpretieren. Konnte er nicht.

Was auch immer Sie in Ihrer Beziehung so verzapfen, ich möchte Ihnen noch einen letzten biblischen Rat ans Herz legen (das Beste zum Schluss):

„Lasset die Sonne nicht über eurem Zorn untergehen." (Eph. 4:26)

EPILOG

Laotse sagte: „Wer andere kennt, ist klug. Wer sich selber kennt, ist weise." Wie sehr dabei die Psychologie von Nutzen ist, habe ich auch sehr spät begriffen. So besehen habe ich im Umgang mit der Psychologie die Wandlung vom Saulus zu Paulus gemacht.

Die Psychologie bietet die erforderliche Einsicht und die Werkzeuge, von denen einige in diesem Buch beschrieben sind, um sich wirklich verstehen zu können. Wenn ihr Auto kaputt geht, dann werkeln Sie doch auch nicht ahnunglos daran einfach herum, und gucken was passiert, oder? Warum sind wir dann geneigt, das mit unserem Leben zu machen? Wieso scheuen wir hier so sehr die fachkompetente Meinung? Wieso ist Hilfe hier so verpönt, obwohl wir ansonsten anstandslos in die Werkstatt fahren, oder den schmerzenden Zahn zum Zahnarzt bringen?

Meine grundlegende Einsicht ist (und da Teile ich die Meinung von Stefanie Stahl, siehe Zitat am Ende von Kapitel 23), dass wir gewisse Dinge nicht wahrhaben wollen:

1. Dass alles in der Kindheit liegt (und gegebenenfalls in traumatischen schwierigen Erlebnissen im Erwachsenenalter)
2. Dass wir davon so sehr durchtränkt sind, dass wir im Alltag nicht auf die Idee kommen, es könnte irgendwas mit unserer Wahrnehmung nicht stimmen
3. Oder dass wir unsere Probleme für so besonders halten, dass die „einfachen Methoden" eh nicht helfen
4. Wobei dies auch nur ein raffinierter Versuch ist, sich der Verantwortung für sich selbst zu entziehen
5. Und zu vermeiden, etwas verändern zu müssen
6. Denn wir fürchten das Unbekannte mehr, als den bekannten Schmerz.

Aber so einfach ist es. Haben Sie manchmal das Gefühl, dass sich Menschen um Sie herum (seien es Familienmitglieder, Politiker, Staatsoberhäupter) total kindisch verhalten? Das ist Ausdruck davon. Nur das es da leider nicht mehr um die Schaufel im Sandkasten geht, das Benehmen bleibt aber gleich.

Ich hoffe, Sie erkennen, wie wichtig es ist, wirklich auf sich selbst zu schauen, anstatt ein eingespurtes aufoktroyiertes Programm abzuspulen. Sie werden auch feststellen, dass die Abwesenheit von Leid noch kein glückliches und erfülltes Leben bedeutet. Sie ist aber, wenn man in pathologischen Mustern gefangen ist, notwendige Bedingung, denn diese werden Sie sonst immer wieder runterziehen. Deswegen ist es so wichtig, sich davon zu befreien.

Es gibt noch eine Trilliarde Dinge, die man dazu sagen kann, für die der Platz in diesem Buch nicht ausreicht. Es gibt unzählige faszinierende Erkenntnisse der Psychologie, die sich seit (leider) gar nicht so langer Zeit nicht nur mit der Heilung von Krankheiten befassen, sondern damit, wie man ein erfülltes Leben führt, und was es mit dem Glück auf sich hat. Vielleicht wird das das Thema eines nächsten Buches.

Ich wünsche Ihnen eine gute Zeit.

LITERATUR- UND QUELLENVERZEICHNIS

Hinweis zu den Zitaten: meine Einfügungen /Veränderungen oder Auslassungen [...] sind stets durch eckige Klammern gekennzeichnet. Hervorhebungen im Text sind die der Autoren, oder als „von mir" - wenn abweichend - gekennzeichnet. Die Rechtschreibung wurde ggf. modernisiert. Alle Übersetzungen ins Deutsche sind von mir. Bei Internetseiten steht das Datum des aktuellsten Aufrufs. Ich kann den Kauf der hier genannten Titel wärmstens empfehlen.

[1] Krishnamurti, Jiddu: Einbruch in die Freiheit. Lotos 2006 S.23ff

[2] Ebenda S. 85

[3] Steffanie Stahl: Jein! Bindungsängste erkennen und bewältigen. Ellert und Richter Verlag 2013 S. 52

[4] Ebenda S. 56

[5] Ebenda I S. 197

[6] Wardetzki, Bärbel: Eitle Liebe. Wie narzisstische Beziehungen scheitern oder gelingen können. Kösel 2012

[7] Ebenda S. 69 ff

[8] Ebenda S. 72 ff

[9] Townsend, John: Kto nam zatruwa zycie? (Originaltitel: Who's pushing your buttons?) W drodze 2007 S.82

[10] Nay, W. Robert: Zwiazek bez gniewu. (Originaltitel: Overcoming anger in your relationship.) Czarna Owca 2010 S. 79

[11] Nay S. 73

[12] Townsend S. 100

[13] Townsend S. 100

[14] Nay S. 120

[15] Nay S. 133

[16] Merkle, R./Wolf, D.: Gefühle verstehen, Probleme bewältigen. PAL 2007 S. 47

[17] Nay S. 203

[18] Nay S. 236

[19] Nay S. 235 ff

[20] Nay S. 243

[21] Stahl S. 200

[22] Gajda, Monika und Marcin: Rozwoj. Jak wspolpracowac z laska? Pro Homine 2012 S. 91 ff

[23] Ebenda S. 106

[24] Hemfelt, Minirth, Meier: Mut zur Liebe. So gelingt ein Leben frei von Zwängen. GerthMedien 2007 S. 12

[25] Ebenda S. 13

[26] Ebenda S. 14

[27] Satir, Virginia: Kommunikation-Selbstwert-Kongruenz. Junfermann 1994 S. 166

[28] Mut zur Liebe S. 57 ff

[29] Satir S. 151

[30] Mut zur Liebe S. 79

[31] Ebenda S. 83

[32] Ebenda S. 84

[33] Ebenda S. 84

[34] Ebenda S 86 ff

[35] Ebenda S. 87

[36] Rettig, Daniel: https://www.alltagsforschung.de/schritt-fur-schritt-wie-kinder-gehen-lernen/ aufgerufen am 12.07.2019

[37] Stahl, Stefanie: Das Kind in dir muss Heimat finden. Der Schlüssel zur Lösung (fast) aller Probleme. Kailash 2015 S. 94

[38] Ebenda S. 96ff

[39] Grün, Anselm https://www.tdh-online.de/archiv_2008_bis_2011/tdh_artikel_691.php aufgerufen am 05.08.2019

[40] Rozwoj S. 70

[41] Rozwoj S. 71 alle Übersetzungen von mir

[42] Ebenda S. 88 ff

[43] Berking, Matthias: Training emotionaler Kompetenzen. Springer 2015 S. 19 ff [Kursive Hervorhebung von mir.]

[44] Ebenda S. 20 ff

[45] Ebenda S. 21 Hervorhebung von Berking

[46] Ebenda S. 21 ff

[47] Gefühle verstehen, Probleme bewältigen S. 167

[48] Krishnamurti S. 73

[49] Berking S. 25

[50] Rozwoj S. 127

[51] Gefühle verstehen, Probleme bewältigen S. 19

[52] Ebenda S. 20

[53] De Mello, Anthony: Der springende Punkt. Wach werden und glücklich sein. Herder 2011 S. 106 ff

[54] Gefühle verstehen, Probleme bewältigen S. 177

[55] Thurman, Chris: Lügen die wir glauben. Wie Sie Lebenslügen entlarven und befreit leben können. GerthMedien 2009 Das Buch diente als Grundlage und Inspiration für dieses Kapitel.

[56] Bodenmann, G./Klinger, Ch.: Ohne Stress leben" Axel Springer 2013 S. 59 ff

[57] Ebenda S. 98 ff

[58] Ebenda S. 61

[59] Bodenmann, Guy: Bevor der Stress uns scheidet. Hogrefe 2016. S.95

[60] Stahl, Stefanie:„Das Kind in dir muss Heimat finden. S. 51

[61] Ohne Stress leben S. 204 ff

[62] Ebenda S.76

[63] Ebenda S. 185

[64] Thurman S. 187

[65] Poletti,R./Dobbs, B: Akzeptieren, was ist. Loslassen und inneren Frieden finden. Scorpio 2015 S. 7

[66] Neff, Kristin: Selbstmitgefühl. Kailash 2012 S. 125

[67] Ebenda. S. 204

[68] Byron, Katie: Lieben was ist. Wie vier Fragen Ihr Leben verändern können. Arkana 2002 S. 33

[69] Ebenda S. 35

[70] Ebenda S. 52 ff

[71] Ebenda S. 137

[72] Ebenda S. 105

[73] Ebenda S. 37

[74] Forward, Susan: Vergiftete Kindheit. Elterliche Macht und ihre Folgen. Goldmann 1993 S. 223 ff

[75] Dalai Lama: Die Weisheit des Verzeihens. Bastei Lübbe2008. S. 50

[76] Ricard, Matthieu: Glück. KnaurMenssana 2009 S. 225 ff

[77] Ebanda S.54

[78] Welzer, Harald: Selbst denken. Eine Anleitung zum Widerstand. Fischer 2017 S.30

[79] https://de.wikipedia.org/wiki/Kognitive_Dissonanz aufgerufen am 13.07.2019

[80] Ricard S. 173

[81] Catalino, Lahnna I., Algoe, Sara B. und Fredrickson, Barbara L. https://www.ncbi.nlm.nih.gov/pmc/articles/PMC5533095/ aufgerufen am 13.07.2019

[82] Mut zur Liebe S. 148

[83] Krishnamurti S. 23

[84] Mut zur Liebe S. 161

[85] Rinpoche, Sogyal: Das tibetische Buch vom Leben und vom Sterben. KnaurMenssana 2013 S. 53

[86] Gefühle verstehen Probleme bewältigen S. 137-138

[87] Ebenda S. 137

[88] Gottman, John M.: Die 7 Geheimnisse der glücklichen Ehe. Ullstein 2012 S. 308

[89] Tschechne, Rainer: Die Angst vor dem Glück. Warum wir uns selbst im Weg stehen. Herbig 2012 S. 83/ S. 161

[90] Cloud, Henry: Poszukiwana poszukiwany. (Originaltitel: How to get a date worth keeping) W drodze 2010 S. 138 ff

[91] Ebenda S. 148

[92] Santagati, Steve: Mannual. So funktioniert der Mann. Fischer 2010 S. 285 ff

[93] Bodenmann S. 214

[94] Bodenmann S. 214

[95] Bodenmann S. 171

[96] Gottman S. 32

[97] Thiel, Christian: Liebe ist, den Partner nicht so zu nehmen wie er ist. Südwest 2016. S. 143 Hervorhebung von mir.

[98] Retzer, Arnold: Lob der Vernunftehe. Fischer 2018 S. 171

[99] Ebenda S. 171

[100] Gottman S. 83

[101] Thiel S. 145

[102] Gottman S. 188/ 189

[103] Bittner, G. / Schwarz, E.: Emotion Selling. Messbar mehr verkaufen durch neue Erkenntnisse der Neurokommunikation. Gabler 2010 S. 177ff

[104] Rosenberg, Marshall B.: Gewaltfreie Kommunikation. Eine Sprache des Lebens. Junfermann 2013 S. 37
[105] Ebenda S. 99
[106] Emotion Selling. S. 16ff
[107] Ebenda. S. 52 Hervorhebungen von mir.
[108] Gottman S. 179
[109] Ebenda S. 87
[110] Ebenda S. 105
[111] Ebenda S. 158
[112] Ebenda S. 25
[113] Ebenda S. 36
[114] Ebenda S. 112
[115] Ebenda S. 226
[116] Ebenda. S. 39ff
[117] Ebenda S, 214